Eichendorff

Walter Jens
Der Fall Judas

Kreuz Verlag

To Inge
again and again

1. Auflage (1.–10. Tausend)
© Kreuz Verlag Stuttgart 1975
Gestaltung: Hans Hug
Satz: Steffen Hahn, Kornwestheim
Druck und Einband: W. Röck, Weinsberg
ISBN 3 7831 0453 X

Am 28. August 1960 stellte der Franziskanerpater Berthold B., ein Priester deutscher Herkunft, beim lateinischen Patriarchen von Jerusalem den Antrag, man möge ein förmliches Verfahren eröffnen, an dessen Ende die Erklärung stehen solle, daß Judas, der Mann aus Kerioth, in die Schar der Seligen aufgenommen worden sei — ein Märtyrer, der Jesus Christus bis zum Tod die Treue hielt.

In Erfüllung der Aufgabe, die der Codex Iuris Canonici den bischöflichen Ordinarien vorschreibt, eröffnete der Patriarch im Spätherbst des Jahres 1960 den Prozeß, indem er Pater Berthold zum offiziellen Postulator ernannte und ihn verpflichtete, seine Sache vor Gericht zu betreiben. Zugleich bildete er, aus dem Kreis der in Jerusalem ansässigen Theologen, ein Sachverständigen-Gremium und bestellte den Prior des Augustinerklosters zum Glaubensanwalt: einen scharfsinnigen und für seinen frommen Eifer bekannten Mann, dem er mit der Ernennung die Aufgabe übertrug, alles, was gegen Judas zu sagen sei, vor jenem Gerichtshof zur Sprache zu bringen, der aus dem Patriarchen selbst und zwei Synodalrichtern, einem weltlichen Priester und einem Ordensmann, bestand.

Der Prozeß, der im Kapitelsaal des Dominikanerklosters stattfand, wurde nach eingehender Zeugen-Befragung und gründlichen theologischen Debatten am Gründonnerstag des Jahres 1962 abgeschlossen. Kurz darauf, im Mai, gingen die versiegelten Akten von Jerusalem nach Rom: ein Konvolut von mehreren tausend Seiten, aus dem sich nicht nur der Prozeßverlauf mit gebotener Deutlichkeit rekonstruieren ließ, sondern das darüber hinaus, dem Gesetz entsprechend, auch Auskünfte über jene Verehrung gab, die Judas in frühchristlicher Zeit von seiten einer Ketzersekte, den sogenannten Kainiten, zuteil geworden war – der Kinder des Brudermörders, deren Bibel das Evangelium des Judas war.

Neben diesen Aktenstücken enthielt das Konvolut als wichtigstes Dokument eine Rechenschaft des Gerichtsvorsitzenden. Darin erklärte der Patriarch, daß er den Prozeß ordnungsgemäß, streng nach den Regeln des kanonischen Rechts (§§ 1999 bis 2141), durchgeführt habe und in der Lage sei, die von der Kurie verlangten Aussagen feierlich zu beschwören.

Erstens: Trotz umfangreicher und gewissenhafter Nachforschungen sind dem Gericht keine Schriften des Judas Ischarioth zur Kenntnis gelangt. Das von den Kainiten benutzte Evangelium hat als verloren zu gelten.

Zweitens: Abgesehen von der Heiligung durch jene sogenannten »Brudermörder-Kinder«, für die das Wort *Judas-Verrat* identisch mit dem Begriff *Triumph des Kreuzes* war, ist von einer öffentlichen Verehrung des Judas Ischarioth nichts bekannt.

Drittens: Der Prozeß unter Vorsitz des Patriarchen von Jerusalem als dem bischöflichen Ordinarius, in dessen Amtsbereich der vom Postulator *Seliger Märtyrer* genannte Judas Ischarioth gestorben ist, endete mit dem einhelligen Richtspruch: Die Ritenkongregation am Heiligen Stuhl wird gebeten, nach dem bischöflichen Informativprozeß nunmehr, in zweiter Instanz, das apostolische Verfahren zu eröffnen. Dieser Entscheidung widersprach der Glaubensanwalt und kündigte an, daß er gedenke, sein den Akten beigefügtes Geheim-Votum mit verschärfendem Zusatz dem Promotor Fidei Generalis nach Rom zuzustellen: Was ihn beträfe, erklärte der Augustiner-Prior, so plädiere er für eine Nichtigkeits-Erklärung des gesamten Verfahrens.

Unmittelbar nachdem die Akten in Rom angekommen waren und Bruder Berthold als bestellter Postulator seine Wohnung in der Heiligen Stadt genommen hatte (von seinen Oberen für die Dauer des apostolischen Prozesses beurlaubt), öffnete der Protonotar der Ritenkongregation in Gegenwart des Kardinalpräfekten die Akten, nachdem er sich zuvor überzeugt hatte, daß die Siegel unverletzt waren, und übergab dem Kanzler die Konvolute zur Abschrift.

Einen Monat später erhielt ich, der Doktor des kanonischen Rechts und Lizentiat der Theologie Ettore P., in meiner Eigenschaft als Prokurator der Ritenkongregation den förmlichen Auftrag, aus den Aktenstücken des Informativprozesses einen Auszug herzustellen, der dem von Seiner Heiligkeit bestellten Kardinalreferenten zur Beurteilung der Frage dienen sollte, ob es angezeigt sei, auf der Vollsitzung der Kongregation den versammelten Kardinälen, Glaubensanwälten und Offizialprälaten die Eröffnung des apostolischen Prozesses *In Sachen Judas* nahezulegen. Zu diesem Zweck ging ich zunächst daran, ein Resümee des Antrags zu formulieren, den Pater Berthold im August 1960 dem Patriarchen zugestellt hatte. Dieses Resümee, das ich Seiner Eminenz, dem Herrn Kardinalreferenten, unterbreitete, hat folgenden Wortlaut:

Ehre sei Gott! – Ich, P. Berthold B. OFM, stelle den Antrag, Judas aus Kerioth seligzusprechen, der ein Sohn des Simon war und im Volksmund bis heute *Judas, der Sichelmann* heißt. Ich bitte den Heiligen Stuhl zu erklären, daß dieser Judas in die himmlische Glorie eingegangen ist und öffentliche Verehrung verdient. Denn ihm und keinem anderen sonst ist es zu danken, daß in Erfüllung ging, was im Gesetz und bei den Propheten über den Menschensohn steht. Hätte er sich geweigert, unseren Herrn Jesus den Schriftauslegern und Großen Priestern zu übergeben: hätte er nein gesagt, *Nein, ich tue es nicht, jetzt nicht und auch in Ewigkeit nicht,* als Christus ihn anflehte, barmherzig zu sein und ein Ende zu machen: hätte er sich seiner Bestimmung entzogen und die Tat verschmäht, die um unser aller Erlösung willen getan werden mußte – er wäre an Gott zum Verräter geworden. Ohne Judas kein Kreuz, ohne das Kreuz keine Erfüllung des Heilsplans. Keine Kirche ohne diesen Mann; keine Überlieferung ohne den Überlieferer. Ein revoltierender Judas hätte Jesus das Leben gerettet – und uns allen den Tod gebracht. Aber Judas rebellierte nicht. Er wußte nämlich, daß es an ihm – einzig an ihm! – lag, ob die Prophetie des alten Bundes sich erfüllte oder nicht. Eine kleine Bewegung seines Kopfes, ein Schütteln statt eines Nickens, als Jesus den Satz gesagt hatte: *Was du tun willst: Tu's schnell!* – und Gottes Plan wäre vereitelt worden. Die Prophetie des Alten Testaments: ein Gespött! Davids Weissagung: »Ich bin der Schatten, der dem Körper voranfliegt; ich zeige an, was kommen wird« – ein poetisches Bild, weiter nichts. Die Worte des zweiundzwanzigsten Psalms: »Meine Kräfte sind trocken wie eine Scherbe. Die Zunge klebt mir am Gaumen. In den Staub des Todes hast du mich gelegt« — ein makabres Zeugnis angesichts des alten Zimmermanns von Nazareth, der — da Judas sich geweigert hatte, ihn auszuliefern — in Galiläa sein Rentnerbrot aß... nicht gekreuzigt, sondern Kreuze schnitzend: ein unter Seinesgleichen geachteter Mann, dem die Sprüche längst verziehen waren, die er gemacht hatte, als er jung gewesen war.

Dank sei dem Judas! *Er* hat getan, was getan werden mußte. *Er* hat gewollt, was Gottes Wille war. Einer *mußte* es tun — und dieser eine war Judas. *Er* wußte, daß es eines Menschen bedurfte, um Jesus zu überliefern: Ein Mensch war vonnöten, kein Gott! Ein Mensch, der bereit war, zum Attentäter zu werden — zum Mordgehilfen und Verräter, um so ein für allemal zu beweisen, wohin Menschen geraten können, die, um ganz sie selbst zu sein, vor keinem Anschlag zurückschrecken — am allerwenigsten vor dem Anschlag auf Gott.

Dies zu erweisen war Judas' Auftrag: Indem er ihn erfüllte, wurde er zum Vollstrecker des göttlichen Plans — und zwar freiwillig. Aus eigenem Willen. Und auf diesen Tatbestand eben: daß sich hier einer, aus Frömmigkeit, dazu hergab, die Rolle des leibhaftigen Satan zu spielen, den Part Dschingis Khans oder Eichmanns: daß jemand, aus freien Stücken zum Demonstrationsobjekt wurde, um auf diese Art, *ex negatione,* den Beweis anzutreten, daß wir Menschen, nach Adams Fall, allesamt der Erlösung bedürfen... auf diesen Tatbestand gründet sich mein Antrag, Judas aus Kerioth unter die Schar der Märtyrer Christi zu reihen.

Nein, der Mann war kein Teufel. Der Verrat geschah auf Gottes Befehl. Um Jesu willen — im Dienste der Sonne, des Tages, des Lichts — hatte Judas Schatten zu sein, Dunkelheit und Nacht. Vom Totenreich aus brachte er das Leben zum Leuchten, zeigte in der Hölle die Klarheit des Himmels und zeugte als Satan für Gott.

Und nun frage ich: Läßt sich ein Martyrium denken, ein Akt der Selbstverleugnung, der heroischer wäre als dieser? Was hat Judas auf sich genommen! Die Verachtung seiner Landsleute, die das Blutgeld nicht wollten — gut, das mag hingehen. Auch die Selbstgefälligkeit eines Schülers vom Schlag des Johannes läßt sich ertragen: der Stolz des Primus, der sich von seinem Lehrer geliebt weiß und gegenüber dem Gesellen auf der letzten Bank nichts als Verachtung empfindet. Aber die Verfluchung durch Jesus selbst! »Einer von euch ist der Teufel.« — »Ich weiß, wen ich erwählt habe. Es muß geschehen, daß die Schrift erfüllt wird, in der es heißt: *Der mein Brot ißt, hat die Ferse gegen mich erhoben.*« Und, endlich, das Entsetzlichste: »Der Menschensohn muß sterben; denn es wurde geschrieben: *Er geht dahin;* aber wehe dem Menschen, der den Menschensohn ausliefern wird — es wäre besser für ihn, er wäre niemals geboren.« In einem solchen Augenblick schweigen zu müssen, seinem Auftrag treu zu bleiben und nicht aufschreien zu dürfen: »Halt ein, ich bitte dich, hör auf. Ich kann nicht mehr« — dieses Martyrium übersteigt alle Vorstellungskraft. Und doch ist auch das noch nicht alles. Denn zur Verdammung im Augenblick, dem Richtspruch des Herrn, kommt das Urteil der Geschichte. Die Verhöhnung durch die Kunst. Der Prozeß von seiten der

Theologie. Die kirchliche Inquisition. Judas, der Satan. Judas, Mörder von Anbeginn. Gottes verworfener Sohn.

Und dabei war er fromm — vielleicht der Frömmste, den es je gegeben hat: Ich kann es beweisen. Mit Hilfe der Heiligen Schrift, mit meinem Glauben und der Vorstellungskraft, die Gott mir geschenkt hat.

Die Bibel zuerst. Im siebenundzwanzigsten Kapitel des Matthäus, Vers drei bis fünf, stehen die folgenden Sätze: »Judas aber, der ihn ausgeliefert hatte, sah nun, daß Jesus verurteilt war, und da packte ihn Reue, und er brachte den Großen Priestern und Mächtigen die dreißig Silberlinge zurück: ›Ich habe Unrecht getan‹, sagte er, ›und einen Menschen ausgeliefert, der unschuldig ist.‹ Doch sie antworteten ihm: ›Was geht das uns an. Dies ist deine Sache: sieh du nur zu!‹ Da warf er die Silberstücke in den Tempel und ging fort, irgendwohin, und hängte sich auf.«

So weit Matthäus: Eine Anklage gegen den Verräter, so scheint es, der, kaum daß er die erste Sünde begangen hat, auch schon der zweiten verfällt: Dem Verrat folgt der Selbstmord. Aber es scheint nur so. Die Sätze trügen; die Wahrheit steht zwischen den Zeilen. Oder, genauer gesagt, sie ergibt sich, wenn man den Bericht über Judas' Reue und Tod mit einer Erzählung vergleicht, die im Alten Testament steht und jenem frommen Propheten gilt, Sacharja, dem die Juden für einen Dienst ebenfalls dreißig Silberlinge gaben. Dreißig Silberlinge: der Kaufpreis eines Sklaven. Eine Summe, die so klein war, daß sie demütigen sollte. Aber Sacharja war stolz, und darum folgte er Jahwes Befehl und warf die Silberlinge in den Tempel des Herrn.

Ich denke, das ist deutlich genug: Beide, Sacharja und Judas, hatten ein Amt. Der eine mußte die Schafe hüten, der andere mußte das Lamm überliefern. Beide handelten auf Gottes Befehl; beide taten, was der Herr von ihnen verlangte. Auch Judas! Indem er Sacharja nachfolgte und den Schandlohn in den Tempel warf, gab er ein Zeichen und deutete, eine Sekunde lang den Zipfel seines Geheimnisses lüftend, dem, der zu lesen versteht, an: *Auch ich habe, wie jener Sacharja, im Namen Gottes gehandelt.*

Nein, hier geht es nicht um die Verzweiflungstat eines Sünders; hier handelt kein verstörter Mensch – ein Mörder, der nicht mehr ein noch aus weiß – in blinder Ekstase; hier hat ein frommer Mann seine Botschaft verkündet: *Schaut her! Ich habe das Gesetz erfüllt. Lest nach und denkt daran: Es hat seine Bedeutung, wenn ein Mann die Silberlinge in den Tempel wirft – zum Zeichen, daß er Gott gehorsam war.*

Und dann gibt es noch einen zweiten Beweis – wiederum in der Heiligen Schrift. Den Kuß im Garten von Gethsemane! Wäre Judas wirklich der Verräter gewesen, den unsere Kirche bis zu diesem Tag in ihm sieht, er hätte die Soldaten zu Jesus geführt, hätte genickt: *Der da ist es* und sich aus dem Staube gemacht. Nichts davon im Evangelium! Statt des Winkens aus dem Hinterhalt – die Umarmung; statt des verschwiegenen Zeichens – der Kuß! Der Liebeserweis eines Mannes, der beauftragt war, sich zu verleugnen und der den ihm von Gott befohlenen Dienst bis zu diesem Augenblick mit einer Konsequenz ausgeführt hatte, an der gemessen selbst das Martyrium des heiligen Papius, den man, wie bekannt, in einen siedendheißen, mit Öl und Fett gefüllten Kessel warf, als ein Kloster-Exerzitium erscheint.

Und dann plötzlich bricht es aus Judas heraus. Unfähig, sich noch länger beherrschen zu können, stürzt er auf Jesus zu — *Meister, ich habe getan, was du verlangtest. Bist du zufrieden mit mir?* —, umarmt und küßt ihn, berührt Christi Mund mit seinen Lippen — und Jesus versteht. *Mein Freund* sagt er zu ihm, und dann, flehentlich wie beim Passahmahl: *Tu's jetzt. Es ist Zeit.* Ein Kuß, eine Geste der Freundschaft, der Ansatz eines Gesprächs unter Brüdern, sanfte Bewegungen und das Wort *Lieber Freund* — dann wird nur noch verhört, geschlagen, gespien, gequält, genagelt, geschrien und gefoltert. Verhöhnt und krepiert.

Die Umarmung in Gethsemane, der Judaskuß: Das ist für mich das letzte Licht, das Jesus sah. Danach wurde es Nacht. Der Knecht küßt den Herrn, der Herr sagt zum Diener *Mein Freund:* Auch das ist ein Zeichen, daß Jesus und Judas, wie Brüder, zusammengehören. Wie gesagt, die Prophetie wollte erfüllt sein; einer mußte es auf sich nehmen, zum Element des göttlichen Willens zu werden; einer hatte dafür zu sorgen, daß dem *incarnatus* das *resurrexit* nachfolgte; einem war von Gott der Auftrag gegeben, den Pendelschlag zu vollenden: vom Himmel zur Erde, von der Erde zum Himmel — und dieser eine, man kann es nicht oft genug sagen, war Judas. Er war auserwählt worden, der Verworfene zu sein; denn er allein war stark genug dafür. Judas, der Fromme. Der Einsame unter den Geselligen. Der Mann aus Judäa inmitten der elf Galiläer. Der Kluge unter den Einfältigen. Der Rechner und Zweifler unter Hirten und Fischern.

Er — nicht Petrus, und auch keiner von den anderen — wurde für würdig befunden, den Part des Vollstreckers zu spielen und zu zeigen, was das ist: Welt und Sünde, Adamsfall und Höllendienst. *Ihm* ist es abverlangt worden, für das Böse, aber auch für die Überwindbarkeit des Bösen zu zeugen. Er hatte zu demonstrieren, wozu Satan bereit ist und wo Satans Grenze liegt.

Um das Böse zu entlarven, gab es keine andere Wahl — für Gott so wenig wie für Jesus Christus, der alles voraussah, was später geschah —, als einen Mann (ich weiß, was ich sage!) zum Stellvertreter des Teufels zu machen. Es mußte sein, der Plan verlangte es.

Aber um ihn zu verwirklichen, bedurfte es der Hilfe der Menschen. Der Hilfe eines einzigen: eines, der mitmachte! Das war die Bedingung. Und darum mußte sich jemand opfern und bereit sein, das Äußerste an Selbstverleugnung auf sich zu nehmen, was einem Mann abverlangt werden kann. Oder glaubt man etwa — ach, man glaubt es bis heute —, unser Herr Jesus hätte sich dazu hergegeben, einen Unwissenden ins Messer laufen zu lassen? Ins Messer, jawohl! Denn wenn es wirklich stimmt, was der Evangelist Johannes behauptet: daß Judas ein Teufel war und *daß Jesus dies wußte* — warum hat er ihn dann nicht gewarnt? Warum ließ er es zu, daß Judas sein Opfer wurde? Nicht er das Opfer des Judas, sondern umgekehrt! Warum duldete er, daß man ausgerechnet jenen Mann, der im Himmel längst als Dieb erkannt worden war, zum Schatzmeister bestellte? Weshalb hielt Jesus den Verräter nicht zurück? Fürchtete er etwa dessen Bekehrung? Eine Umkehr, die den Heilsplan zunichte gemacht hätte?

Warum führte er ihn in Versuchung – geradeso, als sei das Vaterunser für ihn selbst, Jesus von Nazareth, nichts weiter als eine Phrase?

Und führe uns nicht in Versuchung – eine Bitte, die für Jesus nicht gilt? Nein, das kann ich nicht glauben. Ich weigere mich, mir einen Gott vorzustellen, der, um der Erfüllung seines Plans willen, einen Menschen zur Sünde verurteilt: *Auf, Judas, mein Gesell!* Ein solches Spiel ist zu ungleich, für mich: Dieser Judas hat keine Chance. Oder doch? Gut. Dann müßte Gott bereit gewesen sein, seinen Plan fallen zu lassen. Dann hätte die Gefahr bestanden, daß es, im doppelten Sinne des Worts, keine Überlieferung gab.

Nun, die Wirklichkeit sieht anders aus: Judas war kein Opferlamm. Er tat es freiwillig. Judas war eingeweiht, und darum ging er Seinen auch als seinen Weg. Er war – ich bitte um Verzeihung für das Wort – Jesu *Komplize:* Nicht nur einer der Zwölf, die Israels zwölf Stämme repräsentieren, das gottgewollte Reich, das das zerstreute Volk am Ende der Tage wieder in Besitz nehmen wird; nicht nur einer aus dem Kreis der Apostel, von denen Jesus gesagt hat: »Am Tage der Wiedergeburt, wenn der Menschensohn auf dem Thron seiner Herrlichkeit sitzt, werdet auch ihr, die ihr mir nachgefolgt seid, auf zwölf Thronen sitzen und die zwölf Stämme Israels richten«; nicht nur Jünger unter den Jüngern: nah bei Jesus, mit anhörend die Worte des ewigen Lebens, Gottes Stimme aus der Wolke vernehmend: »Dies ist mein Sohn, mein geliebter Sohn, den ich auserwählt habe.« *Judas war mehr.* Der Prophetie unseres Herrn, der Fußwaschung und des Passahmahls wurden auch die anderen Apostel gewürdigt, die Jesus zugezählt waren: Judas aber stand höher als die übrigen elf. Er sprach mit dem Herrn in einer Sprache, der Wissende zum Wissenden, die keiner von den andern verstand: *Was du tun willst: tu's schnell!* (Und nicht etwa: *Laß ab davon. Judas, ich flehe dich an: Verfall nicht der Sünde.*) *Ich bin es doch, Herr? Du hast es gesagt.* Ein Zwiegespräch über die Köpfe der Jünger hinweg! (Schweigend saßen sie da und verstanden kein Wort.) Ein Dialog zwischen Jesus und Judas: dem Getreuesten, dessen Erwählung unser Herr bezeichnete, als er ausgerechnet ihn, den Verworfenen ... kommunizieren ließ.

Dem Verräter die heilige Speise, der Brocken vom Passahmahl, und dem Verratenen der Kuß: Wie deutlich wird hier, wenngleich in verhüllender Rede, auf die geheime Übereinkunft, den heiligen Bund zwischen dem Meister und seinem gehorsamen Jünger, verwiesen.

Und wie könnte das auch anders sein? Sie *waren* ja verbündet, die beiden; *waren* aneinandergekettet; *waren* wie zwei Brüder, von denen der eine den anderen braucht. Judas war nichts ohne Jesus: so, wie der Schatten nichts ohne den Leib ist. Aber Jesus war auch nichts ohne Judas: Wenn der eine nicht zu den Großen Priestern und nach Gethsemane ging, sondern das Geheimnis für sich behielt, war es um den anderen geschehen.

Ich wiederhole also: Sie gehörten zusammen – Jesus und Judas, Judas in Jesu Hand. Beide hatten ihren Weg zu gehen – vereint noch im Tod: hoch über der Erde am Holz.

Die Frage ist nur – ich stelle sie zögernd, mit großem Bedenken –, wessen Weg der schwerere gewesen ist: der Weg unseres Heilands oder der Weg jenes Mannes, der Jesus im Sterben voranging. Voranging in der Gewißheit vor Gott, daß die letzte Geste auf Erden auch die erste im Himmel sein werde: Noch einmal Gethsemane, doch jetzt ist es Jesus, der auf Judas zutritt, ihn küßt und umarmt.

Und vor den Menschen? Verachtet. Verflucht! Ein Selbstmörder, dem niemand glaubt, daß auch er als seine letzte Stunde kam, *Es ist vollbracht* gesagt haben könnte. Ein Verworfener, dessen Todesgedanken noch nie ein Mensch zu denken gewagt hat. Ich aber will es versuchen:

Warum, mein Gott, läßt du nicht zu, daß ich,
statt des Schächers, neben Ihm sterbe?
Warum verlangst du auch dies noch von mir?
Ist es denn noch nicht genug? Du weißt doch,
wie viel leichter es ist, an Seiner Seite gekreuzigt
zu werden, als Ihn ausliefern zu müssen.
Warum also läßt du mich selbst jetzt noch allein
und duldest, daß Er dem Schächer das Paradies
verspricht, während ich, die Hölle vor Augen,
hier am Baum krepieren muß? Ausgerechnet ich,
der alles tat: was immer du befahlst.

Aber das war nicht das letzte Wort. Die Gemeinsamkeit zwischen Jesus und Judas geht bis zum Tod. *Doch nicht mein, sondern dein Wille geschehe:* Ist es nicht glaubhaft, daß auch Judas, ehe er starb, diese Worte gesagt hat?

Ich stelle den Antrag, den Mann aus Kerioth seligzusprechen. Der Sohn der Hölle, dies wollte ich zeigen, ist in Wahrheit der Beauftragte Gottes und der Bruder unseres Herrn Jesus gewesen.

Ich denke, wir haben viel wiedergutzumachen an Judas. Wir alle.

So weit der Antrag des Postulators: Im Original ein Plädoyer von nahezu vierzig Seiten, das in einem eigentümlichen, höchst subjektiven Latein geschrieben ist — pathetisch und sprunghaft, von Hast und Ekstase geprägt. Als ich die Schrift zum ersten Mal las, mit ihren Ausrufen, Antithesen und verwegenen Paradoxien, habe ich an Tertullian denken müssen: die gleiche Flammensprache, hier wie dort, die gleiche Leidenschaft: Fanatismus und kombinatorischer Witz; aber auch der gleiche Mangel an Sachlichkeit und vernünftigem Maß. Mal kommt man nicht von der Stelle, repetiert das längst schon Gesagte, dann wieder geht's holterdipolter: Für mich, den Juristen, gewiß keine leichte Lektüre. Eher Poesie, als ein Schriftsatz nach den Regeln des kanonischen Rechts. Dennoch habe ich getan, was ich konnte, um auch in meinem italienischen Resümee dem Kardinalreferenten (ich weiß, es ist wichtig für ihn) einen Eindruck von der Denkweise und Argumentationsart des Postulators zu geben — von dem Charakter eines Menschen, dessen Stil der unverhüllte Spiegel seiner Seele ist. Ich hoffe, es ist mir gelungen. Leicht war es nicht. Wir Juristen sind nüchterne Leute, und darum wird man verstehen, daß ich froh war, als ich, nach so viel Poesie und mystischem Aufschwung, das Begleitschreiben des Patriarchen in raffender Übersetzung zu referieren hatte.

Es war vernünftig und nüchtern. Kein Afrikaner-Latein, sondern die Schule Ciceros. Hier der Text:

Der Antragsteller Berthold B., Pater des ersten Franziskanerordens, ein 1936 geweihter Priester, ist mir, dem lateinischen Patriarchen von Jerusalem, seit dreizehn Jahren bekannt. Ich schätze ihn als einen glaubenseifrigen, von seinen Oberen geachteten und bei seinen Mitbrüdern beliebten Diener in Christo. Sein Lebenswandel ist untadelig, sein Glaube unbezweifelbar. Ein frommer Mann. Wenn ihm etwas vorzuwerfen ist, dann allenfalls die Leidenschaft: der heilige Eifer, mit dem er die ihm aufgetragenen Pflichten erfüllt – eine Leidenschaft, die, wie es in der Akte des Provinzialministeriums heißt, bisweilen an den Rand der Selbstaufgabe führt. (Als Missionar und Volksseelsorger in Somaliland, später auch auf Ceylon, ist Pater B. zweimal lebensgefährlich erkrankt. Der Grund: Kollaps wegen Unterernährung, zurückzuführen auf die Weigerung, den von ihm betreuten Eingeborenen gegenüber ein privilegiertes Leben zu führen.)

So viel zur Person jenes Mannes, der vor zwei Jahren, im April 1960, zu mir kam und mich – nach Absprache mit seinen Ordensoberen, wie sich versteht – über das Vorhaben in Kenntnis setzte, einen Seligsprechungsprozeß anzustrengen. Einen Prozeß in Sachen Judas Ischarioth. Ich brauche nicht zu betonen, daß ich, mit solchem Vorsatz konfrontiert, in der Folgezeit alles nur Erdenkliche tat, um Pater B. von seinem Entschluß abzubringen.

Dabei wies ich ihn in erster Linie auf die Aussichtslosigkeit des Prozesses hin. (Berichtigung: Ich zeigte ihm die Schwierigkeiten eines Prozesses, den ich vor zwei Jahren für aussichtslos hielt. Heute nicht mehr.) Ich betonte mit Nachdruck, daß der von Seiner Heiligkeit, Papst Johannes XXIII., angestrebten Versöhnung zwischen Christen und Juden — einer Versöhnung, die von uns, den Katholiken im Heiligen Land, mit Überzeugung und Leidenschaft unterstützt wird ... ich betone, daß einer solchen Versöhnung mit einem Vorstoß, der notwendig alte, kaum vernarbte Wunden aufreißen müsse, in keiner Weise gedient sei. (Inzwischen denke ich auch in diesem Punkt anders als damals.) Aber der Pater war nicht zu belehren. Er blieb störrisch. (Heute würde ich sagen: konsequent.)

So sehr ich auch in ihn drang und ihm die Schwierigkeiten, die unnütze Mühe vor Augen führte, die mit einem solchen Prozeß nun einmal verbunden sei, den Verwaltungsaufwand, die Kosten, die vielen Reisen und Visitationen, dazu die Unbequemlichkeit für ihn selbst, für mich, für die Richter und Zeugen, und dann die peinliche Lage, in die er mich brächte: *Der Patriarch von Jerusalem in einem Atemzug mit Judas, dem Verräter, genannt* (Gott verzeihe mir meine Hoffart, aber so habe ich damals geredet), und schließlich — und vor allem! — die Folgen für ihn, der doch kein junger Mann mehr sei und es wahrhaftig nicht nötig habe, nach einem frommen und gottgefälligen Leben womöglich selbst in einen Prozeß verwickelt zu werden: der Ketzerei beschuldigt und am Ende verurteilt, der missio canonica beraubt und exkommuniziert!

Ich redete und redete. Ob er denn tatsächlich – angenommen, der Prozeß käme in eine zweite Instanz: ein Gedanke, der freilich absurd sei –, ob er tatsächlich nach Rom ziehen wolle, bis zu seinem Tode wahrscheinlich, um seine Sache vor dem Heiligen Stuhl zu vertreten?

Ja, sagte er, das sei seine Absicht.

Er wolle die Affaire also persönlich und nicht durch einen Prokurator befördern? Er habe keine Furcht, als *Judas-Anwalt* am Pranger zu stehen?

Nein, das fürchte er nicht.

Wirklich? Dann sei er sich folglich darüber im klaren, was auf ihn zukäme, in den kommenden Wochen, Monaten und Jahren? Dann wisse er auch, daß es seine, des Postulators, Aufgabe sei, Gelder bereitzustellen, mit denen die Prozeßunkosten gedeckt werden können? Und woher käme das Geld?

(Er habe reiche Verwandte.)

Gut. Aber sei ihm bewußt, daß er – mit seinem skurrilen Latein und seiner bescheidenen Kenntnis auf dem Feld der Dogmatik und neutestamentlichen Exegese – dem Gerichtshof nicht nur die Namen der Zeugen benennen und die geeigneten Urkunden unterbreiten müsse, sondern daß er auch die Artikel auszuarbeiten habe – er, ein Missionar, dessen gelehrte Studien Jahrzehnte zurücklägen! –, über die später die Zeugen befragt werden sollten: Artikel, deren Gegenstand zum Beispiel ein Problem wie Judas' Todesart sei. Traue er sich denn wirklich zu, über Fragen wie diese (und es gäbe noch weit diffizilere) mit dem Glaubensanwalt die Klingen zu kreuzen?

Jawohl, das traue er sich zu. Und was sein Latein angehe, so tröste er sich mit dem Heiligen Paulus: Schließlich sei auch der Anfang des Römerbriefs in holprigem Griechisch geschrieben.

Da freilich begann ich die Geduld zu verlieren und schrie ihn an: Jetzt sei es aber genug! Offenbar wisse er gar nicht, was er von mir verlange mit seinem absurden Begehren: Drei Gerichtshöfe seien einzusetzen: einer, um nach den Schriften zu fahnden, ein zweiter, um festzustellen, ob dem Verstorbenen keine öffentliche Verehrung gezollt worden sei, und ein dritter, um die Tugenden und das Martyrium, die Wunder und guten Taten des Toten zu analysieren. Die guten Taten eines Verräters und Selbstmörders! Eines Menschen ohne Grab! Und dafür drei Gerichtshöfe!

Ich brach ab und erhob mich von meinem Platz: Er sei sich doch hoffentlich im klaren darüber, daß es in meiner Macht stünde, seinen Antrag zu verwerfen?

Ja, das stünde mir zu. Genau so, wie es ihm zustünde, seinen Antrag aufrechtzuerhalten – einen Antrag, der, wie ich ja wisse, gemäß Kanon 2003 des Gesetzbuches unserer Kirche von jedem Christgläubigen gestellt werden dürfe. Also auch von ihm.

Pater B. verneigte sich. Die Audienz war zu Ende. (Der Fall Judas nicht.)

Es folgt jetzt eine längere Passage über Gespräche, die der Patriarch in den der Audienz folgenden Wochen mit Pater B.s Ordensoberen führte. Dabei stellte sich heraus, daß zumindest der Guardian – möglicherweise aus besonderem Grund: er war getaufter Jude, wie der Patriarch in einer Fußnote ausdrücklich betont — das Vorhaben B.s keineswegs grundsätzlich ablehne (freilich auch nicht zugeraten habe), sondern die Entscheidung vertrauensvoll in die Hände des Ordinarius legte.

Hatte schon dieses Gespräch, dank seines unerwarteten Ausgangs, den Patriarchen in Zweifel versetzt, ob es tatsächlich ratsam sei, den Prozeß, wie er es gerade noch vorgehabt hatte, gar nicht erst zu eröffnen, so sah er sich im Sommer — nach langen, teils mündlich, teils schriftlich geführten Debatten mit angesehenen Exegeten — mehr und mehr in der Absicht bestärkt, das Verfahren am Ende doch durchzuführen — und sei es auch nur, um den Fall Judas unvoreingenommen und mit gebotener Gründlichkeit nach allen Seiten hin zu untersuchen: einen Fall, der offenbar weit kontroverser war als es auf den ersten Blick schien.

Darum — nur darum! — eröffnete der Patriarch jenen Prozeß, dessen Phasen er in seinem Gerichtsbericht mit allen Einzelheiten beschreibt: von der Charakterisierung der Zeugen, ihrer Glaubwürdigkeit und der von ihnen vertretenen Position über die Aussagen der Kirchenhistoriker (vor allem den Kult der Kainiten betreffend), die Gutachten der Archäologen (in der Frage des Töpferackers und Blutfelds), die Ergebnisse der Visitationen vor Ort (das Gericht besichtigte Bethanien), die Expertisen der Moraltheologen (es gab hitzige Debatten über die Stellung der Kirche zum Selbstmord) bis hin zu den Streitgesprächen der Exegeten: Vier volle Tage wurde allein um den 5. Vers des fünfzehnten Kapitels im ersten Korintherbrief gerungen: Wer die Zwölf denn nun eigentlich seien, die Paulus als Zeugen der Auferstehung zitiert. Wie ließe sich's deuten, daß der Apostel offenbar von einem Verräter nichts wisse – hier und auch andernorts nicht?

Sechsundzwanzig Folioblätter, angefüllt mit Proben theologischer Auslegungskunst: dann endlich folgt das Resümee, in dem der Patriarch die im Prozeßverlauf vorgetragenen Grundthesen erläutert: *Wer dieser Judas eigentlich war und was die Beweggründe sind, die seinen Verrat – wenn's ein Verrat gewesen ist – motivierten.*

Das Folgende ist jetzt wieder authentisch und wird in vollem Wortlaut zitiert: nichts gestrichen und hinzugefügt. Ich beginne, da im Vorangehenden Theologen erwähnt werden, deren Name nichts zur Sache tut, mitten im Satz:

... blieben am Ende drei Thesen übrig, die meine Beisitzer und ich – in engem Kontakt mit unseren Beratern natürlich – zu beurteilen hatten.

Erstens die *psychologische* These: Judas als Verräter aus schnöder Gewinnsucht. Sklave des Geldes. Ehrgeizling, Heuchler, Neider und Hasser. (Diese These wurde in erster Linie von den österreichischen Moraltheologen vertreten.)

Zweitens die *politische* These: Judas als Zelot, der, von Christus enttäuscht, in Gethsemane einen Volksaufstand anzetteln möchte. (Dies war die These, die sich am häufigsten in den Gutachten aus Lateinamerika fand.)

Drittens die *eschatologische* These: Judas als Anwalt des Messianismus, der's darauf anlegt, Jesus durch einen Scheinverrat dahin zu bringen, sich als Herrn der Welt auszuweisen. (Diese These wurde von einer Minderheit ortsansässiger Theologen, vor allem den Dominikanern, vertreten.)

Der Zeugen-Folge entsprechend (aber auch, weil es sich bei dieser Auffassung um die communis opinio handelt) begannen wir mit der Diskussion der psychologischen These — nicht zuletzt aus Gründen der Ökonomie. Das Problem schien einfach zu sein; wir hofften rasch voranzukommen; die Aussagen der Evangelisten sprechen, auf den ersten Blick, für sich selbst. Von den zwölf Jüngern, daran gibt's nichts zu deuten, sind neun ohne Gesicht. Namen, die durch Zahlen ersetzt werden könnten: Der dritte, der sechste, der elfte. Einen Schatten werfen nur drei: der fromme Johannes — »das Wort ging um unter den Brüdern: *Der wird nicht sterben*« —, der furchtsame Hirte — dreimal unterliegt Petrus der Versuchung des Bösen, dann ist er gefeit: Der Herr der Herde wird zum Märtyrer werden — und schließlich der Anwalt des Teufels. Judas, der Jud.

Der Sohn des Lichts. Der Sohn der Welt, dem es bestimmt ist, den Himmlischen Thron zu verwalten. Der Sohn der Finsternis. Das sind die Drei. Der Reine und Feine, das Zwiegesicht und der Satan. Das ist die Trias.

Also keine Chance für Judas? Es sah ganz so aus, als wir unsere Exegesen begannen: Die Zeugnisse schienen unantastbar zu sein. Judas war ein Verräter. Judas liebte das Geld. Judas wurde vom Teufel gepackt. Drei Vorwürfe also — aber in Wahrheit nur ein einziger. Gesagt werden sollte: *Hier ist einer in Beelzebubs Hand.* Und dieser Tatbestand mußte anschaulich werden. Das Böse, das kein leerer Begriff bleiben will, hat sich zu konkretisieren. Das heißt: Die Sünde braucht einen Mann, den sie prägt. Die Schuld sucht einen Menschen, in den sie hineinschlüpfen kann. Das Böse manifestiert sich im Verrat, der Verrat im Verräter, der Verräter in Judas. Von da an ist alles ganz leicht und geht wie von selbst. Der Verräter handelt aus Geldgier. Also muß Judas ein Mammonknecht sein. Der Mammonknecht ist ein Betrüger. Also muß Judas die Kasse verwalten — und zwar schlecht.

So einfach ist das. So logisch. Der Satansdienst (das ist der erste Schritt) hat sich in einer tödlichen Sünde, der schlimmsten, die denkbar ist, zu realisieren: dem Verrat am Herrn. Der Verrat wiederum (jetzt folgt der zweite Schritt) muß gleichfalls bis zum Äußersten zugespitzt werden: also Verrat um des Geldes willen — und nicht etwa wegen des Ansehens, der Ehre oder des Ruhms. Doch damit noch nicht genug. Der Gedanke — auf welche Weise manifestiert sich Satan als Satan in einem Menschen? — will (das ist der dritte Schritt) abermals pointiert sein. Darum darf der Verrat nicht um jener Reichtümer willen erfolgen, mit denen der Teufel den HERRN zu locken versuchte, sondern es muß ein Pfennig-Verrat sein. Ein Verrat um ein paar Groschen!

Damit schließt sich der Kreis; Ende und Anfang der Kette entsprechen einander; das Resultat bestätigt die Prämisse: Teufelskult und Mammondienst sind identisch. Wer dem Geld verfallen ist, verdient den Tod. (»Ananias«, ruft der Heilige Petrus in der Apostelgeschichte dem Betrüger zu, »warum hat Satan dir ins Herz gegeben, den Heiligen Geist zu belügen? Weshalb hast du von dem Erlös deines Grundstücks etwas beiseite geschafft? Du Betrüger an Gott!«) Judas, scheint es, stirbt zu Recht.

Judas, das Exempel einer Gedanken-Operation. Ein Beispiel-Mann, der zeigt, daß eins am anderen hängt: der Verrat am Bösen, die Geldgier am Verrat, die Käuflichkeit an der Geldgier — die Silberlinge also am Teufel. Judas: das Böse in Menschengestalt. Ein Begriff aus der Dogmatik, dem man einen Leib gegeben hat. Einen Leib und einen Namen. Aber reicht das aus für einen Mann aus Fleisch und Blut — einen Mann, der denkt und empfindet, handelt und reagiert? Ein Individuum, das nicht nur ein Judas, sondern — Judas aus Kerioth ist? Nein, es reicht nicht aus... und es gab einen Mann, der das wußte: den Evangelisten Johannes. *Er* war es, der dem Gesichtslosen das Antlitz eines Menschen gab — aber welch eines Menschen!

»*Sechs Tage vor Ostern kam Jesus nach Bethanien, wo Lazarus wohnte, den er von den Toten auferweckt hatte. Es war Abend; man bereitete das Mahl; Martha brachte die Speisen, und Lazarus saß mit am Tisch. Maria aber nahm ein Pfund reiner Narde, die sehr kostbar war, und salbte Jesus die Füße. Das ganze Haus duftete nach Narde, und Maria trocknete Jesu Füße mit ihren Haaren. Als Judas, einer seiner Schüler, das sah —*

Judas, Simons Sohn aus Kerioth, der Jesus ausliefern sollte –, sagte er: ›Warum hat man diese Salbe nicht verkauft? Sie ist dreihundert Denare wert! Weshalb hat man sie nicht den Armen gegeben?‹ Aber diese Worte sagte er nicht, weil es ihm um die Armen ging – was kümmerten Judas die Bettler –, sondern weil er ein Dieb war: ein Kassenverwalter, der die Einlagen beiseite schaffte – alleweil in den eigenen Beutel damit!«

Auf diese Stelle, so wurde von den Prozeß-Sachverständigen immer wieder betont, kommt alles an: Hier, im zwölften Kapitel Johannes', verwandelt sich das Böse in Menschengestalt in einen bösen Menschen. Während die anderen Chronisten nur Judas' Taten erzählen – nichts von seinem Beruf, nichts von seinem Charakter: einzig Matthäus gedenkt einen Vers lang der Reue des Sünders –, zeichnet Johannes das Porträt eines verworfenen Mannes. Zeichnet, wohlgemerkt! Radiert! Nicht: Malt! Sittenschilderer benutzen die Nadel; der Stichel des Moralisten ist spitz – *wie* spitz, das beweist unser Bild. *Judas in Bethanien.* Eine Radierung des Evangelisten Johannes, deren Sinngehalt sich ergibt, wenn man sie mit den frommen Gemälden der alten Meister, Matthäus und Markus, vergleicht: Dort die murrenden Jünger, hier der eifernde Rebell. Auf der einen Seite die Schar der redlichen Leute, denen nicht eingehen will, daß ein Kultdienst wichtiger als die barmherzige Übung sein solle: der Toten-Ritus verdienstlicher als die Speisung der Armen, und auf der anderen die Pose des Heuchlers, der von den Bettlern spricht, aber in Wahrheit nur an sich selbst denkt: dreihundert Denare in die eigene Kasse.

Kein Zweifel, diese Transformation hat Methode. Hier soll ein Mensch — ein Schuft namens Judas — an den Pranger gestellt werden ... hier und anderswo. Wo immer sich eine Gelegenheit bietet — Johannes nutzt sie, um den Einen unter den Zwölfen als Kainskind zu zeichnen: einen Sohn des Verderbens, dessen Psychogramm er mit einem Ingrimm entwirft, den — so ein Sachverständiger aus Spanien — »Moralisten immer dann entwickeln, wenn sie einen Gegner erledigen wollen«.

Und das wollte Johannes: Die Art und Weise, wie er sein Seelengemälde entwickelt, hat, so schien es uns, den Charakter einer Exekution. In Jesu Namen spricht er Gericht und sondert den Bock von den Schafen: »Ich habe euch ausgewählt, und einer von euch ist der Teufel. Keiner von euch ist verloren — außer dem Einen.« Vom Himmelsgewölbe herab, auf den Schultern des Herrn, verkündet Johannes das Urteil über den Einen, der gebrandmarkt ist, von Ewigkeit zu Ewigkeit, und für den es kein Verzeihen gibt, weil er, dieser Eine, in Wahrheit der Andere ist. Luzifer, der gefallene Engel.

Aber dann auf einmal — jetzt fällt die Entscheidung! — wechselt der Evangelist seinen Standort, vertauscht die Himmelssicht mit der Froschperspektive; der Dämonologe (wie wir ihn nannten) verwandelt sich in einen Lehrer der Moral — und der Fall des Teufelsjüngers wird zum Fall eines Kassiers. Auf eine Formel gebracht (dem Vorschlag der Exegeten aus Münster entsprechend. Die Expertise liegt den Akten bei): Statt von oben nach unten — bei Satan beginnend und dann, dem geschilderten Dreischritt entsprechend, über den Verrat zur Geldgier und von der Geldgier zur Anzeige um der paar Pfennige willen gelangend — argumentiert man von unten nach oben, beginnt beim Kassier und endet beim Teufel... und in diesem Augenblick stürzt das Gebäude zusammen. Die Psychologie, deren Bestimmung es war, den theologischen Ansatz zu stützen, macht ihn in Wahrheit zunichte. Mag der Teufel den Verräter tragen — ein Verräter trägt nicht den Teufel: *dieser* gewiß nicht, dieser kleine Groschenzähler und Gauner — ein Kassier, der in die eigene Tasche wirtschaften möchte. In der Tat, das ist zu wenig. Ein Judas, der nicht nur eine Umschreibung von Satan sein soll: nicht nur Name und Begriff — ein solcher Judas, darin waren alle Zeugen sich einig, müßte mehr — *weit* mehr! — als ein Dieb und Bruder Hinterlist sein.

Entweder der theologische Dreischritt, vom Teufel bis zum Pfennig-Mord: Dann genügt das personifizierte Exempel. Dann reicht der Gedanken-Mann aus. Oder die Begründung mit Hilfe der Psychologie: Dann aber muß ein Judas auftreten, der — Partner und Widersacher Christi in einer Person — jenen Geheimen Bund repräsentiert, von dem das Passahmahl und die Begegnung in Gethsemane zeugen. (In diesem Punkt sind wir der Argumentation des Antragstellers gefolgt.) Dämonologie oder Seelen-Erklärung. Ein drittes wird nicht gegeben. *Wenn* aber Seelen-Erklärung, dann nur eine Psychologie, die, in Rang und Stil, dem Geschehen entspricht, um das es in den Evangelien geht. Auf Paradoxien — wie wir sie uns, den Theologen, gestatten — können Moralisten keinen Anspruch erheben. Wer Judas' Handeln also allein auf die Habgier zurückführen möchte — im Sinne des grausamen, mit denunziatorischer Bosheit verwerfenden *Denn: Er war nämlich ein Dieb, dieser Judas —,* der lasse sich fragen, ob es denn glaubhaft sei, daß ausgerechnet ein mit Zins und Zinseszins vertrauter Kassier sich um lumpiger Pfennige willen auf eine Spekulation einlassen wird, deren Risiko er doch voraussehen mußte.

Dies, meinte ein Salesianer aus Rom, sei, unter dem Aspekt der psychologischen Stimmigkeit, beim besten Willen nicht mehr vertretbar; ein solches Monstrum gäbe es nun wirklich nicht: Ein Mathematiker, der die Emphase liebt. Ein Rechner, der Absurdes tut. (Der Kuß. Wozu, in aller Welt, der Kuß?) Ein Stratege, dessen Verschwiegenheit (die Schlüsselworte: *eine günstige Gelegenheit* und *in aller Stille*) in keiner Weise mit der ihm eigenen pathetischen Geste korrespondiert. (Die Umarmung, der Wurf mit den Silberlingen, der Gang in den Hanf.) Auf der einen Seite die Mentalität des Kassierers, Kalkulation und Profit *(Judas zählte die Einlagen dem Eigenen zu)* und auf der anderen Seite die metaphorische Sprache. *(Ich habe unschuldiges Blut ausgeliefert):* Nein, hier passe wirklich nichts mehr zusammen. Die Geschichte von Judas, dem Teufelchen mit seinem Beutel — meinte der Salesianer — werde durch die Evangelien selbst widerlegt — und das war auch die Meinung des Gerichts: »Das Porträt des untreuen Kassenverwalters«, dies die Quintessenz unserer Meditationen, »hat mit Judas so wenig zu tun wie das Bild des bärtigen Mannes mit unserem Vater im Himmel.«

Mit Ausnahme der Wiener Moraltheologen wurde die Frage, ob die Tat des Verräters — *Verräter:* in Anführungszeichen – sich mit Hilfe eines einzigen Motivs, der Geldgier, erklären ließe, am Ende von allen Experten verneint. Die Zeugnisse hatten nicht gehalten, was sie versprachen. Der Fall war noch offen.

Was immer man von ihm halten mag – ein Problem für Psychologen ist der Mann aus Kerioth jedenfalls nicht: weder als neidischer Streber, den es verdroß, daß er, ein judäischer Schreiber und Rechner, mit bäuerischen Analphabeten: den Fischern und Hirten aus Galiläa, das Brot teilen mußte, noch als Ränkeschmied, der seinen Herrn zu täuschen versuchte und – wiewohl in Wahrheit längst durchschaut – den Unschuldigen spielte, um seinen Plan nicht zu verraten: den Mord, der in Gedanken schon beschlossen war.

Nein, dieser Judas war weder ein Heuchler noch ein betrügerischer Kassier. Was sollte er schon gewinnen bei diesem Jesus, der so arm war, daß er noch nicht einmal eine Wohnung besaß: »Höhlen haben die Füchse; Nester haben die Vögel unter den Himmeln. Nichts hat der Menschensohn, um sein Haupt niederzulegen.« Schätze waren von Jesus zuallerletzt zu erwarten – aber etwas anderes, vielleicht: Macht und politischer Ruhm.

Jeschua, der Befreier Israels; Judas, ein Partisan in seinem Dienst: Dies war die These unserer Brüder aus Lateinamerika – eine Theorie, die, so befremdlich sie uns auf den ersten Blick auch erschien, bei näherer Betrachtung bald an Plausibilität gewann. Wir, hier in Jerusalem, wissen schließlich, was eine Besatzungsmacht ist; wir haben erlebt, wie sich Kolonialherren benehmen, und können uns vorstellen, was die Juden gedacht haben, damals, als die Römer durch die Straßen der Heiligen Stadt patrouillierten – dreist und schamlos. Bordelle im Tempelbezirk! In Caesarea Glanz und Verschwendung, während in den Straßen die Kinder verreckten!

Nein, das war nicht Geschichte für uns – das war Gegenwart: Wir wissen, wie die Araber unter den Juden, die Juden unter den Engländern leben. Wir sahen sie vor uns: Herodes' Trabanten, die um ihren Reichtum zitterten und Jupiter baten, er möge dem Kaiser in Rom ein langes Leben bescheren. Pharisäer: zu jedem Kompromiß bereit, sofern man ihnen nur den frommen Kult beließ – den Römern die Tore geöffnet, aber den Sabbat geheiligt! Und dann erst die Sadduzäer, die Schlimmsten von allen: arrogant und korrupt. Jeden Tag gingen sie am Goldenen Adler, dem Zeichen der Okkupanten, vorbei... und neigten den Kopf. Schämten sich nicht, aus den Händen der Legionäre die Gewänder entgegenzunehmen, in denen sie das Passahfest zelebrierten. (Gewänder: in Truhen verborgen, die allein römische Offiziere aufschließen konnten – man darf also vermuten, daß Davids Kleider der Soldateska während der Saturnalien als Verkleidungsschmuck dienten.)

Ja, so sah es zu Jesu Zeit in Jerusalem aus: Israels erste Familien versklavt; die Großen Priester entwürdigt; die Enkel des Schweins, Esaus verhaßte Erben, als Triumphatoren an der Seite der Heiden; Davids Reich verspielt. Diese Situation muß man sich vorstellen, wenn man die Gedanken jenes Manns begreifen will, der vielleicht – es ist bis heute umstritten – gar nicht *Bürger von Kerioth,* sondern *Sichelmann* hieß: Judas, der Bandit mit dem Dolch. Judas, der Patriot und Rebell. Judas, der Zelot: ein Sozialrebell und Nationalist, der mit Jesu Hilfe die Große Revolution einleiten wollte: die Vertreibung der Römer, den Sturz der regierenden Clique, die Machtübernahme des Volks. Eine Rebellion von unten her: War das sein eigentlicher Plan? Schloß er sich darum Jesus von Nazareth an? Die Lateinamerikaner hatten Argumente, die dafür sprachen. Ihr Plädoyer war so durchdacht, daß auch die Gegner ihrer Theorie (und das waren fast alle von uns) sehr bald zugeben mußten: Die These *Judas war ein jüdischer Nationalrevolutionär* verstößt zumindest nicht gegen die Gebote der Logik.

Dies ist die Konstellation: Auf der einen Seite die Reichen (Kollaborateure, Vertreter der herrschenden Schicht), auf der anderen Seite das Volk. Hier die großen Familien und ihre Helfershelfer aus den Kreisen der Priester. Dort die Plebejer. Hier Sadduzäer, Herodianer und Pharisäer: Macht und Ideologie. Dort, im Dunkel lebend, die Masse der Armen. Hier Jesu Feinde. Dort seine Freunde. Hier wenige, aber mächtige Gegner; dort viele, aber ohnmächtige Bundesgenossen. Hier der kleine Clan, der, gut organisiert und im Machtkampf erfahren, auf seine Gelegenheit wartet. Dort, ahnungslos und ungeschult, die *Hosianna* rufende Menge. Gut und Böse säuberlich voneinander getrennt: »Als die Großen Priester und Pharisäer Jesu Gleichnisse hörten, wollten sie ihn festnehmen lassen, aber sie fürchteten sich vor dem Volk. Denn das Volk hielt Jesus für einen Propheten.«

In der Tat, die Fronten sind klar. Hüben die Gruppe, die der Herr zur Ordnung ruft. Drüben die Schar, die er segnet. Ausbeuter und Ausgebeutete: Jesus von Nazareth, so scheint es, bekämpft die Reichen im Namen der Armen. (Kein Wunder also, daß der Begriff *soziale Agitation,* variiert durch die Chiffre *propaganda revolutionis,* im Schriftsatz der Lateinamerikaner den Charakter eines Schlüsselworts hat): »Auf Moses' Stuhl«, ruft er den Massen zu, »sitzen die Schriftausleger und Pharisäer. *Sie* bündeln die Lasten. *Ihr* tragt sie. *Euch* liegt das Gewicht auf den Schultern. *Sie* aber bewegen es nicht einmal mit ihren Fingern.« Kein Zweifel, hier ist Einer dabei, die Böcke von den Schafen zu trennen. »Hierher!«, heißt es nach rechts hin, an die Schafe gewandt: »Hierher! Zu mir, Geknechtete: eingespannt in das Joch, wie ihr seid, und erschöpft von der Last«, nach links hin dagegen, in die Richtung der Böcke: »Mein Haus soll heißen: Haus des Gebets. Ihr aber habt daraus eine Räuberhöhle gemacht.« (Dies für die Sadduzäer-Clique im Tempel.) »Ihr Heuchler, warum bringt ihr mich in Versuchung?« (Dies an die Adresse der Herodes-Partei.) »Weh euch, ihr Schriftausleger! Schließt den Menschen vor ihren Augen das Himmelreich zu — kommt selbst nicht hinein und laßt niemanden ein, der hereinkommen will.« (Dies für die Exegeten der Torah: die Pharisäer.) Und dann das Gericht über Israels Feinde, die Wölfe, die Zions Tochter bedrohen: Lag es nach all dem nicht nahe, daß Judas glauben durfte, in Jesus jenen König der Propheten gefunden zu haben, der Davids Reich wiederherstellen würde?

Glauben schon, sagten die Lateinamerikaner, aber seiner Sache *sicher sein* konnte er nicht. Dafür waren die Aussagen, die er mitanhörte und in seiner Weise zu deuten versuchte, zu widerspruchsvoll: Zwar sprach vieles dafür, daß Jesus von Nazareth tatsächlich der Herrscher Israels war, kein Gott im Himmel, sondern ein irdischer Richter: die Rede vom Messer vor allem, dem Schlachtmesser in seiner Hand, das er bei sich führe, um Vater und Mutter, Tochter und Sohn zu entzweien: »Ich bin nicht gekommen«, hatte er gesagt, »um Frieden zu bringen. Ich bin gekommen, um Feindschaft zu stiften im Haus«; und dann der Gewaltakt im Tempel – die Tische umgeworfen und die Stände zertrümmert! –, die Verfluchung der Feinde – »*Weh euch, blinde Führer, ihr Heuchler*«; der Aufruf zum Gehorsam und die herrische Drohung: »Wer nicht für mich ist, ist gegen mich. Wer kein Hirt ist, mit mir, ist ein Wolf!«

Aber auf der anderen Seite fielen dann wieder Worte, die, so ist zu vermuten, Judas in Angst und Zweifel versetzten: Wenn nun der Mann, dem er folgte, gar nicht Israels Retter, sondern einer jener vielen Wanderprediger war, die damals die Wüste durchzogen, von Nord nach Süd, von Ost nach West, und in entzückter Rede das Nahen des Reiches beschworen, das Große Gericht und die Öffnung der Gräber – ein Betrüger womöglich, ein Sektierer, der die Weissagung des Propheten Micha auf sich und seinen Geburtsort bezog: »Aus dir, Bethlehem, wird er kommen, der Herrscher: Der Hirte meines Volkes Israel«?

Wie – mußte sich Judas fragen – ließ sich zum Beispiel erklären, daß Jesus in einem Atemzug Zions Feinde verfluchte – und mit ihnen Frieden schloß? »Gebt dem Kaiser, was dem Kaiser gebührt. Gebt Gott, was Gott gebührt«: War das nicht eben jene Doppel-Sprache — unentschieden, rätselhaft und zweideutig —, auf die sich die Kollaborateure so trefflich verstanden? Die Rede der Schriftausleger und Großen Priester, deren Praktiken — wiederum die Unentschiedenheit! — Jesus verteidigte *und* attackierte: ein Sabbatschänder, der die Regeln der Torah bis zum Tüpfelchen ausführen ließ; ein Pharisäer, der in pharisäischer Manier Verse auslegte, um die Pharisäer an den Pranger zu stellen?

Einmal Herr und einmal Knecht; heute vom Schlachtmesser redend, morgen vom Kreuz; Opferpriester, Opferlamm: Wer war er wirklich, dieser Jeschua, der zu gleicher Zeit wie ein Soldat im Krieg und wie ein Kind sprechen konnte? Wollte er ein Geheimnis verbergen? Judas *mußte* es wissen; der Zweifel war unerträglich. Was, schließlich, nützte es ihm, daß Jesus *wahrscheinlich* der von den Propheten Geweissagte war? Vielleicht? Möglicherweise? Er brauchte Gewißheit — und um die zu gewinnen, gab es nur eine Möglichkeit für ihn. Jesus mußte gezwungen werden, die Wahrheit zu sagen. *Gezwungen:* Das war die Lösung. Er mußte in eine Lage kommen, in der es kein *Sowohl-Als auch* mehr gab, nur noch ein *Entweder-Oder:* Entweder das Volk triumphiert über die Zwingherren, oder die Zwingherren triumphieren über das Volk. Revolution oder Ancien Régime. Israel oder Rom. Ja oder Nein.

Judas rechnete: Gibt es ein Mittel, fragte er sich, einen Kunstgriff, mit dessen Hilfe ich eine Situation schaffen kann, in der der Gegensatz zwischen dem Volk und der Besatzungsmacht, zwischen arm und reich, gleichsam auf den Begriff gebracht wird — eine Situation, in deren Zentrum Jesus von Nazareth steht?

Und dann, auf einmal, wußte er es: Im Grunde war alles ganz einfach; es *gab* das Mittel — die Volte, die alles entschied: den Verrat. Judas mußte sich opfern; er hatte keine andere Wahl.

Wirklich nicht? Er überlegte — wenn er jemanden einweihte? Wenn es ein anderer täte, an seiner Stelle? Petrus vielleicht? Aber je länger er grübelte, desto deutlicher wurde es ihm, daß er, der den Plan hatte, auch der Täter sein mußte. Dies war *sein* Werk. Hatte er nicht schon allzu lange gezaudert? Nachts, wenn er nicht schlafen konnte und ihn die Angst überfiel, nach einem Ausweg gesucht?

Diese grundlose Angst. War nicht alles, bis ins Letzte, durchdacht? Was konnte denn schon geschehen? Er brauchte ja nur zu den Priestern zu gehen und ihnen zu sagen, wo Jesus sich aufhielt:

In Gethsemane ist er. Da findet ihr ihn. (Das war der erste Schritt.) Aber die Priester würden mißtrauisch sein. *Warum kommst du zu uns? Bist du nicht einer von seinen Leuten?* Dann würde er sagen: *Ich war es. Ich bin es nicht mehr* — aber sie würden schweigen.

Er hat die Gebote verletzt, würde er sagen, *den Sabbat geschändet und das Gesetz mißachtet, das uns befiehlt, die Hände zu waschen. Er hat gesagt: »Tut neuen Wein ins neue Faß.« Das geht gegen euch!* Aber sie würden immer noch schweigen. (Er mußte deutlicher werden.)

Er sagt: »Ich bin der Messias«, er sagt: »Der Tempel wird fallen.« Er sagt ... Aber sie würden ihn immer noch ansehen und schweigen. (Also weiter.)

Ich habe euren Steckbrief gelesen: »Wer ihn schützt, handelt wider das Gesetz und die Propheten.« Ich will das nicht tun. Ich bin ein frommer Mann. Aus Judäa. Aber er wußte, sie würden immer noch nichts sagen, im Gegenteil, bei dem Wort *fromm* würde der Große Priester die Miene verziehen und mit vorgeschobener Unterlippe den Atem ausstoßen: *Fromm? Da schau einer her: Der und fromm!* Judas kannte die Geste: Jetzt wurde es Zeit. Jetzt mußte er den zweiten Schritt gehen, den schwersten von allen.

Ich habe Schulden. Gebt mir Geld. — Und nun endlich würden sie nicken: *Wieviel?*

Jetzt kam es darauf an. Wenn er zu viel forderte, war alles verloren: *Das Geld ist uns der Mann nicht wert.* Verlangte er dagegen zu wenig, bestand die Gefahr, daß die Priester mißtrauisch wurden.

Dreißig Silberlinge. (Wieder würden sie sich anschauen: ein wenig belustigt wahrscheinlich.)

Mehr nicht?

Nein.

Und warum gerade dreißig?

Das Geld für ein Stück Land. Einen Acker draußen vor der Stadt.

Gut. Du kannst es bekommen. Aber sie würden immer noch zögern — und darum mußte Judas aus Kerioth, der, wie er wußte, in diesem Augenblick endgültig zum Sichelmann wurde, auch noch den dritten Schritt gehen: *Ich bin bereit, mit euch zu kommen. Ihr könnt mir vertrauen. Den ich küssen werde: das ist euer Mann.* Und da endlich würde der Große Priester die Silberlinge aus dem Tempelschatz holen — und Judas wußte: *Ich muß jetzt jeden einzelnen zählen. Man wird mich beobachten. Ich muß glaubwürdig sein. Also sage ich, während ich zähle: »Seid auf der Hut. Seine Jünger werden ihn verteidigen. Sie sind bewaffnet. Nehmt die Palastwache mit. (Neun, zehn, elf.) Und verständigt euch mit den Römern. E i n e Kohorte werdet ihr mindestens brauchen. (Der Groschen ist schmutzig. Gebt mir einen sauberen.) Zwei sind besser. Nehmt drei, wenn ihr sicher sein wollt. (Sechzehn, siebzehn, achtzehn.) Und packt zu! Der Mann ist stark. Ohne Kampf geht das nicht. (Vierundzwanzig, fünfundzwanzig.) Ich kenne ihn: Er kann jähzornig werden. Denkt daran, wie er die Tische umstieß – die Stände im Tempel.« (Neunundzwanzig, dreißig – in den Beutel damit, und hinaus!)*

Ein makelloser Plan: So oft Judas ihn auch überprüfte – er fand keinen Fehler in seiner Rechnung. *(Kalkulation:* das war der Schlüsselbegriff, auf den sich die Vertreter aller drei Versionen beriefen: Darin zumindest war man sich einig.) Ein Entwurf auf dem Reißbrett, konsequent und exakt. Mathematik der Revolution – die Ausführung, so schien es, ergab sich von selbst: Punkt für Punkt und Schlag auf Schlag. Die Großen Priester folgen Judas' Rat; die Truppe marschiert; der Sichelmann gibt das Signal; die Mannschaft schlägt zu – Stöcke und Seile, Lanzen und Schwerter! –, die Jünger wehren sich; schon glimmt der Funken; ein paar Stunden noch – dann wird die Flamme zum Brand: Jesus, der Anwalt des Volkes, in der Gewalt der Besatzer und ihrer verhaßten Trabanten. Die letzte Hoffnung dahin: Der Bruder der Bauern und Gärtner, Maurer und Fischer – verhöhnt und gefoltert. Das ist das Zeichen zum Aufstand. Die Revolte beginnt. Das Volk greift zu den Waffen. Die Partisanen stürmen den Palast. Eine Schar verwegener Männer nimmt den Prokurator gefangen. Zeloten dringen in den Tempel und besetzen die Tore. *Die Stunde der Sichel.* Der Augenblick, wo Jesus sich entscheiden muß – jetzt ist die Situation da, die Judas herbeizwingen wollte: Nun, Jeschua, mußt du Farbe bekennen. Das Volk hat dich befreit: Also sag ihm, wie du heißt. Entweder du bist der Messias und stellst dich an die Spitze des Aufstands. Dann ist Israel frei. Oder du bist ein Betrüger. Dann sind wir verloren. Und unser Land ist es auch.

Darum also der Verrat. *(Judas only pretended to betray Jesus* sagte ein Experte aus St. Louis, Prälat T., der im Zeugenstand die Sache der Lateinamerikaner vertrat.)

Darum der Kuß. (Wenn Jesus wirklich der Messias war, mußte er die Geste verstehen – mußte wissen, daß das Zeichen für die Häscher zuallererst ein Signal für ihn selbst war: *Deine Stunde ist da.*)

Darum schließlich die ausbedungene Summe. (Dreißig Silberlinge, das hieß: Ich, Judas, der Sichelmann, habe wie der Prophet Sacharja in Jahwes Auftrag gehandelt.)

Ein konsequenter Plan, fürwahr. Ein Plan zudem, der scheinbar jedes Risiko vermied: Wenn Jesus der Messias war, dann wurde Israels Triumph durch die erzwungene Entscheidung beschleunigt. Dann war es Judas' Verdienst, daß die Befreiung früher kam als es der zaudernde Christus beabsichtigt hatte. Wenn Jesus hingegen den Messias nur spielte, dann konnte jedenfalls das Volk beweisen, daß es aus Davids Stamm war: Lieber, und sei's um eines Falschpriesters willen, ein vergeblicher Aufstand als Sklavendienst für Zeit und Ewigkeit!

Aber dieses *Entweder-Oder, Ja* oder *Nein, Triumph* oder *Niederlage* galt nicht nur für Jesus und für das Volk. Es galt auch für Judas: Entweder Jesus war der Gesalbte — dann konnte er dem Volk erklären, was es auf sich hätte mit diesem Verrat. Oder aber er war es nicht — dann würde das Volk den Sichelmann als Kollaborateur hinrichten lassen. Doch davor hatte Judas keine Angst: *Wenn* ihn etwas bedrückte, dann allein der Gedanke, daß dieser Jesus, wer immer er war, sich bei seiner Verhaftung in einer Weise aufführen könnte, die das Volk davon abhielt, den Kampf zu beginnen — und diese Furcht war, wie der Ausgang beweist, nur allzu begründet. Judas' Kalkulation (so das Fazit unserer Brüder aus Chile, Brasilien und Paraguay) beruhte auf einer falschen Prämisse: der Voraussetzung, daß Jesus entweder ein betrügerischer Messias oder der König aus Davids Haus — ein Lügenpriester oder jener Richter war, der in Gethsemane, gerettet durch Sein Volk, die Kutte gegen den Königsmantel eintauschen würde: *Herodes ins Bergwerk! Die Armen in den Palast!*

Aber Judas hatte sich geirrt. Seine Rechnung ging nicht auf — und dabei war ihre Durchführung so logisch. Ihr Abschluß so konsequent! Oder ist es etwa, bei aller Paradoxie, nicht konsequent, daß ausgerechnet jener Mann, der einen anderen mit List und Gewalt in eine ausweglose Lage hineinführen wollte, sich am Ende mit einer Situation konfrontiert sah, in der es gleichfalls nur ein *Ja* oder *Nein, Tod* oder *Leben* gab? Weil Judas, der Sichelmann, den ersten Schritt getan hatte, mußte er auch den letzten Schritt tun — den vierten, den er vergessen hatte, bei seiner Kalkulation: Das nennt man Folgerichtigkeit!

Kein Zweifel, die Lateinamerikaner verstanden zu argumentieren: Wenn Judas' Plan schon logisch war, dann war es ihre Beweisführung erst recht. Aber so stimmig sie sich auch ausnahm: sie hatte — wiederum in Übereinstimmung mit Judas' Kalkulation — einen entscheidenden Fehler. Sie findet keinen Rückhalt im Text. Die These von Judas, dem Nationalisten und Sozialrevolutionär, bleibt Poesie. Darum verwarfen wir sie nach kurzer Debatte (Prälat P., das war sein gutes Recht, enthielt sich der Stimme) und wandten uns der dritten These zu. Sie wurde von meinen Ordensbrüdern, den Dominikanern, vertreten und hat folgenden Wortlaut:

Wir, eine Gruppe von Priestern des Ordo Praedicatorum, stellen die Behauptung auf: Judas aus Kerioth hat Jesus verraten, weil er mit dieser Tat den Ewigen Tag herbeizwingen wollte, das Jüngste Gericht und die Wende der Zeiten. Judas, wie wir ihn sehen, war ein frommer Mann — ein Jünger, der den Worten des Meisters vertraute und Seine Rede wörtlich nahm. Während die anderen Apostel — Petrus nicht ausgenommen — Jesu Lehre in metaphorischer Weise auslegten und in Begriffen wie *Feuerflammen, Engelsheer* und *Erweckung der Toten* nur vage Umschreibungen sahen, glaubte Judas fest daran, daß der Satz unseres Herrn »Nah ist das Himmelreich« mehr war als eine theologische Floskel: *Jetzt* war für ihn wirklich *jetzt, hier* war *hier* und *heute* hieß *heute* und nicht *irgendwann einmal*.

Dieser Mann vertraute also darauf – dies ist das Fundament unserer These –, daß das Ende der Tage noch zu seinen Lebzeiten käme: Er, Judas aus Kerioth, würde das Große Gericht miterleben. Die Erneuerung der Welt. Gottes Ewige Stunde.

Er würde Zeuge sein, an jenem Tag, wo Jesus Seine Macht und Herrlichkeit aufleuchten ließ. Er wäre dabei, wenn Christus, vom Himmel herab, die Toten zu sich rief: *Jetzt! In diesem Augenblick!*

Wir behaupten: Wenn Jesus sagte »Die Zeit ist erfüllt. Gottes Herrschaft ist nah« – dann rechnete Judas nicht mit Äonen, sondern mit Wochen und Jahren. Und wenn unser Herr lehrte: »Der Tag wird kommen, an dem die Engel ausziehen und die Bösen« – dann war das für Judas kein Bild und kein poetisches Gleichnis. Dann hatte er die brennenden Öfen leibhaftig vor Augen.

Judas' Glaube war blind, seine Vorstellungskraft ohne Grenzen: Nachts, während die anderen ruhten, beobachtete er die Gestirne – und wie hätte er auch Schlaf finden können, da der Herr doch gesagt hatte: »Die Sonne wird sich verfinstern und der Mond nicht mehr leuchten. Die Sterne fallen herab, die Himmelsmächte beginnen zu zittern, und das Zeichen des Menschensohns wird erscheinen, wenn er, in Seiner Macht und Seinem Glanz, auf Wolken kommt«? Judas *(unser Judas, wie wir ihn nannten)* mußte wachsam sein – und zwar in jedem Augenblick. Wie ein Dieb in der Nacht, wie ein Blitz, wie eine Flut werde ich kommen, hatte

Jesus gesagt: heimlich, im Dunkel, wenn mich niemand erwartet — überraschend wie ein Gedanke!

War es da ein Wunder, daß Judas wach bleiben wollte? Wie ein Träumer ging er umher und beobachtete die Zeichen, die auf den großen Tag hindeuteten, Seinen Tag, an dem alles neu werden würde. Schon bebte die Erde — man mußte nur horchen —, und die Sonne hatte ihre Farbe gewechselt. Das Licht verdunkelte sich. Die Nacht wurde hell. Lügenpropheten durchschwärmten das Land. Scharen von falschen Erlösern vollbrachten Zaubereien und Wunder, erschreckten die Menschen und verstörten sie mit ihren Weissagungen: *Der Herr ist in der Wüste* riefen sie oder: *Euer Meister ist drinnen im Haus!* und: *Schaut, der Messias! Dort! Der Gesalbte!* Schon schwärmten die Adler aus; schon warteten die Geier auf ihre Beute: die Leiber der Verdammten, die, wenn die Gräber barsten, nackt auf der Erde herumliegen würden — Berge von Knochen und verwesendem Fleisch!

Judas bebte vor Glück und Erwartung — wie ein Fieber war das: Angst, gepaart mit Entzücken; Verwirrung, die in Hellsicht überging: Jetzt, endlich, war es soweit. So sah die Stunde aus, in der Mond und Sonne zu gleicher Zeit am Himmel aufgingen: Alles war eingetreten, was die Propheten vorhergesagt hatten. Der Tag war da — aber die Menschen wußten es nicht. Darum mußte Jesus sie warnen *Kehrt um! Glaubt an die Botschaft des Heils;* darum mußte er die Leute in den Straßen und auf dem Feld zur Eile antreiben *Flieht in die Berge! Bald wird es Winter! Dann ist es zu spät!;* darum mußte er mit den Frauen sprechen *Wehe den*

Schwangeren, hat Er gesagt, *wehe den stillenden Müttern, in diesen Tagen;* darum mußte er die Kinder ermahnen — mußte überall sein: Judas aus Kerioth, der Bote des Gerichts.

Aber die Zeit verging ... und nichts geschah. War das der Augenblick, die Krise, in der bei Judas zum ersten Mal Zweifel aufkamen — was hatte diese unbegreifliche Verzögerung nur zu bedeuten? — und er nach Erklärungen suchte? Nach Beweisen, die ihn begreifen ließen, warum der Tag der Herrlichkeit ausblieb, obwohl alle Zeichen auf ihn hindeuteten?

Und dann — das war unsere Überlegung — muß er plötzlich jenen Gedanken gefaßt haben, der alles entschied: Wie, wenn es eine Möglichkeit gab, den Tag des Gerichts zu erzwingen? Eine Tat, mit deren Hilfe der zaudernde, von Betrübnis und Angst ergriffene Herr in eine Lage gebracht würde, die ihm erlaubte, sich in Seiner Herrlichkeit zu offenbaren?

Warum zögerte Jesus? Wovor hatte er Angst? Warum verließ er Abend für Abend die Stadt — zog Schlupfwinkel und einsame Verstecke vor, abgelegene Gegenden und Wohnungen, die niemand kannte? Die Vorliebe für die Dämmerung, das rätselhafte Spiel mit der Nacht — aber auch die Geheimbefehle *Sagt es keinem. Erzählt es nicht weiter* — und das Schwebende in Seiner Rede, die außer Judas niemand wörtlich nahm, das Doppeldeutige und Zwielichtige: wie erklärte sich das? Vor wem, fragte sich Judas, hat Jesus von Nazareth Angst? Wen fürchtet er? Den Teufel vielleicht? Beelzebub? Der war doch besiegt — der hatte ausgespielt.

Wie? Judas erschrak: Der Teufel — für immer besiegt? Aber dann fehlte ja einer im Spiel! Dann konnten Seine Worte *Das Ende ist nah. Es steht vor der Tür* erst dann Wirklichkeit werden, wenn der von Christus verjagte *Mensch der Gesetzlosigkeit* (wie Er ihn genannt hatte, in seinen Reden, nachts auf dem Feld) auf die Bühne zurückkehrte: Entweder er selbst, oder einer aus seinem Gefolge. Ein Mensch jedenfalls, der sich über alle Götter erhob. Ein Mensch wie Judas?

Judas, der Antichrist. Judas, der an Satans Stelle trat, weil er glaubte, daß es ein Jüngstes Gericht nur zu Jesu Lebzeiten gäbe und daß es in der Macht des Teufels stünde, den Tag des Heils zu verhindern ... und um diesen Plan zu zerstören, den *Triumph des Teufels durch pure Absenz* (so lautete die Formel, die wir benutzten), entschloß sich Judas, um Christi willen die Rolle des Teufels zu spielen. Darum ging er zu den Großen Priestern und verriet seinen Herrn: weil er ihm helfen wollte und darauf vertraute, daß durch die Opfertat auch jenes letzte Hindernis beseitigt worden sei, das Seiner Glorie bis jetzt im Wege stand: Nun endlich konnte sich Jesus als der Messias zeigen, der er von Ewigkeit her war ... und zwar morgen schon.

Morgen, am Ende der Tage.

Wir, die vom Gericht als Sachverständige bestellten Priester des Ordo Praedicatorum, sind also der Ansicht, daß der sogenannte Verrat des Judas Ischarioth in Wirklichkeit der Liebesdienst eines Apostels war, dem Gott den Gedanken eingab, daß nicht nur der Vater im Sohn, sondern auch der Teufel in einem Menschen Fleisch werden muß: Kein Jüngster Tag ohne zwiefache

Inkarnation — und ohne Jüngsten Tag wiederum kein Anbruch des Reiches. Das aber bedeutet: Ohne Judas keine Rettung des Menschen. *Sein* Verrat ist die Bedingung unseres Heils.

So weit die Expertise der Dominikaner, die dem Gericht mit einem Votum überreicht wurde, in dem einige Priester (eine Minderheit, wohlgemerkt) die These vertraten, daß Judas' Glaube: Jesus wird in Gethsemane als Christus, der Gesalbte, auftreten, sich durch den Text, so wie er bei Johannes steht, bestätigt sieht. *»Ich bin es«* (die Stimme vom Himmel herab!) und *»sie fielen zu Boden«:* Mit diesen Worten — so die Dominikaner — könnte sehr wohl die Beschreibung jenes Gerichtstags beginnen, den Judas mit seinem Liebesverrat herbeizwingen wollte. Was aber sein Ende angehe, den Würgetod im Baum, so bäten die Gutachter das Gericht zu erwägen, ob es nicht möglich sei, daß Judas sich nur deshalb erhängte, weil er seinem Meister, dessen Ängste er kannte, beistehen wollte. Wenn es ihm schon im Leben nicht gelungen war, Jesus zu helfen: wenn er geirrt hatte (und er *hatte* geirrt), als er sich anmaßte, in Gottes Plan einzugreifen und selber den Teufel zu spielen — dann wollte er wenigstens seinen Herrn im Tod nicht verlassen. (Judas, sollte Jesus denken, war tapfer. Ich will es auch sein. So schwer mein Sterben ist, seins war noch schwerer. Dank, Bruder, daß du mir vorangegangen bist.)

Im Hinblick auf diese Deutung — schließt das Sondervotum der Dominikaner — wagen wir die Behauptung, daß nicht nur der Kuß im Garten von Gethsemane, sondern auch der Tod, der Selbstmord auf dem Töpferacker, ein Beweis dafür ist, daß der Verrat in Wirklichkeit ein Liebesdienst war.

Nun, das Gericht erkannte den Beweis nicht an: diesen nicht und die anderen, auf denen die Plädoyers der Dominikaner beruhten, ebenfalls nicht. Damit waren alle Thesen verworfen: die erste, weil sie auf einem Sittengemälde beruht, das mit Theologie wenig zu tun hat, die zweite und dritte, weil in ihnen, nach unserer Ansicht, Phantasie über Wissenschaft und Spekulation über die Exegese des Texts triumphiert: geistreiche Hypothesen, die dem Scharfsinn ihrer Verfasser ein vortreffliches Zeugnis ausstellen – aber nicht mehr.

Judas, so viel stand am Ende unserer Vernehmungen fest – der Zeugenbefragungen, die oft mehr den Charakter von gelehrten Colloquien als den Duktus peinlicher Vernehmungen hatten ... Judas war weder ein kleiner Betrüger noch ein Theologe der Revolution noch ein Vertreter jener Glaubenshaltung, die unsere Dogmatiker mit dem Begriff »urchristliche Naherwartung« umschreiben. Er war aber auch nicht alles zugleich: Aus A., B. und C. eine Synopse herstellen zu wollen, dies sei mit Nachdruck betont, wäre Aberwitz.

Dabei verkennt das Gericht keineswegs, daß es in dem einen oder anderen Punkt gewisse Übereinstimmungen gab: So wurde Judas zum Beispiel von allen drei Thesen-Vertretern als ein Apostel geschildert, der sich ans Konkrete hält – das Geld, die Revolution, das Hier und Heute des Ewigen Tags – und auf jenen Doketismus wenig gibt, der uns einreden möchte, alles, was ist, sei nur scheinbar. Judas, darin waren die Zeugen sich einig, muß ein Mann gewesen sein, dessen Phantasie so groß war wie seine Begabung für Kalkulation und Kritik. (Ein Mathematiker mit einem *realistischen Tick*. Das gilt auch für These drei. Selbst dieser Judas scheint, in seiner Wortgläubigkeit und verwegenen Planung, eher Rationalist als Mystiker zu sein.)

Nun, das alles ist wichtig, gewiß: Das apostolische Gericht in Rom, wenn es zustande kommt, wird die Übereinstimmungen so sorgsam zu notieren haben wie die Kongruenzen und Widersprüche zwischen der zweiten und dritten Version. (Beide Male — unabgesprochen! — der Entwurf der gleichen Situation. Beide Male die Deutung des Verrat als eines Mittels, das Jesu Entscheidung herbeiführen soll: in B. durch einen Zeloten, der Gewißheit braucht, damit er handeln kann — das verlangt die Revolution; in C. durch einen Jünger, der Gewißheit hat und deshalb handeln muß — das verlangt das Kommende Reich.)

Das alles, nochmals, ist wichtig und hat dann seinen Sinn, wenn man von vornherein einkalkuliert, daß sich der wahre Judas nie und nimmermehr aus der Retorte destillieren läßt: ein Quentchen A., eine Prise B., ein Würfelchen C.

Was uns, die drei Richter, betrifft, so haben wir nach der Zeugenvernehmung und den Verhören noch einmal von vorne begonnen: am gleichen Ausgangspunkt wie Pater B., die Wiener Moraltheologen, die Lateinamerikaner und meine Ordensbrüder aus Jerusalem. Am gleichen Ausgangspunkt, aber auf ihren Schultern: also weiter sehend als sie. (Das war unser Vorteil.)

Und damit genug. Das Schreiben ist schon jetzt zu lang. Ich werde mich also bemühen, die Überlegungen, die uns am Ende zur Befürwortung des Initiativ-Antrags führten, in formelhafter Pointierung zusammenzufassen — alles Weitere geht aus den stenographischen Berichten hervor — und fange an, indem ich Rechenschaft über die von uns gewählte Methode ablege: die Art des *procedere,* wenn man so will.

Wir begannen unsere Arbeit am 7. Januar — dem Tag, da das Jesuskind aus Ägypten heimgekehrt war — und verpflichteten uns, die Akten spätestens am Gründonnerstag des gleichen Jahres, 1962, zu schließen: Ein Ziel, das wir mit Gottes Hilfe dann auch erreichten. Außerdem kamen wir überein, die vor uns liegenden Wochen in drei nahezu zeitgleiche Abschnitte zu teilen: Bis zum 13. Februar, dem Fest des Heiligen Propheten Agabus, wollten wir die Dokumente noch einmal gründlich analysieren (Zeugnisse aus den Bereichen der Theologie und philosophischen Essayistik, aber auch der schönen Literatur), die wir schon bei der Vorbereitung des Verfahrens durchgearbeitet hatten und jetzt, mit geschärften Augen, anschauen konnten. Dabei war es unsere Absicht, das Material unter bestimmte Kategorien zu ordnen, die sich aus der Dogmatik ergaben, und den Versuch zu wagen, sämtliche bisher vertretene Thesen auf drei Grundmodelle zurückzuführen — die *archetypische Trias,* wie wir sie nannten. Jesus als Judas' Opfer. Judas als Jesu Opfer. Judas und Jesus als gemeinsames Opfer des göttlichen Plans.

Auch dieses Ziel wurde erreicht; die Systematisierung der Judas-Theorien gelang; unsere zweite Arbeit konnte termingerecht angepackt werden: Hier galt es, den Prozeß unter der Fragestellung zu prüfen, ob irgendwo gegen die Regeln des Kanonischen Rechts verstoßen worden sei (die Antwort lautete: Nein) und ob jemand Thesen vertreten habe — ein Zeuge, ein Experte, ein Richter —, die den Glaubensanwalt zum Einschreiten veranlassen könnten. (Prior M. hatte sich in der Verhandlung zurückgehalten. Wir kannten seine Ansichten nicht; vermuteten aber, er werde auf jeden Fall Einspruch erheben.) Um also sicher zu gehen, ließen wir eine ganze Reihe von Theorien, Behauptungen, Spekulationen und Axiomen, die während des Verfahrens aufgestellt wurden, von Fachgelehrten höchsten Rangs überprüfen. Dabei stellte sich, auf der einen Seite, heraus, daß manches, was der eine oder andere geäußert hatte, dogmatisch höchst anfechtbar, ja bisweilen geradezu fahrlässig war. Die Lateinamerikaner zum Beispiel hatten den dritten Vers des dreiundzwanzigsten Kapitels Matthaei in einer Weise gerafft, die uns unverantwortlich schien — Jesu Worte: »Tut alles, was die Pharisäer euch sagen. Befolgt alles« kurzerhand unterschlagen; aber auf der anderen Seite bestätigten die Experten der theologischen Fakultäten (beider Provenienz; unsere Anfragen erfolgten im ökumenischen Geist) eine Fülle von Theorien, die uns strittig erschienen, ja sprachen dort von Evidenz, wo wir noch Streitfälle sahen. Es sei an der Zeit, erklärten Tübinger Dogmatiker (zwei Katholiken und ein Protestant: ein rabiater Barthianer, am Rande vermerkt) ... es sei an der Zeit, das griechische Wort *paradidonai* endlich mit *überliefern* und nicht mit *verraten* wiederzugeben. (Der Begriff Verräter tauche nur ein einziges Mal, bei Lukas, auf: Und der sei ja, wie man wisse, Judas nicht eben freundlich gesonnen, stünde vielmehr, was den Keriother beträfe, dem Evangelisten Johannes an Gehässigkeit kaum nach.)

In diesem Punkt also — fort mit der Vokabel *Verrat* — bestand Übereinkunft... und nicht allein in diesem Punkt. Der Judas-Kuß, argumentierten — unwidersprochen — Gelehrte aus Holland, sei fraglos ein Liebesbeweis: Wer, gäben sie zu bedenken, sei Jesus, in wörtlichem und übertragenem Sinn, so nahe gekommen wie Judas? Maria, die Frömmste von allen, habe ihm die Füße gesalbt — die Füße, wohlgemerkt! — Judas aber das Gesicht des Herrn berührt: seine Lippen. (Albrecht Dürer, erklärten die Gottesmänner aus Leiden, hätte schon gewußt, warum er in seiner Passion Judas und Jesus so dargestellt habe, als seien die beiden allein auf der Welt: Ringsherum Schwerter und wütende Gesten; sie aber, in der Umarmung, spüren die Schläge nicht.)

Muß ich erwähnen, daß wir Nachrichten wie diese nicht ohne Betroffenheit aufnahmen: Bestätigten sie doch wieder einmal die Kluft zwischen der Wissenschaft, wie sie an den Hohen Schulen gelehrt wird, und der Verkündigung von der Kanzel herab: der Praxis vor Ort?

Muß ich sagen, daß wir verwirrt waren, beinahe bestürzt, als ein Schreiben aus Oxford eintraf — formuliert von dem Doyen der englischen Neutestamentler, Professor Neal Th., einem Anglikaner —, das uns Antwort auf die Frage gab, ob die Übersetzung des Satzes »Was du tun willst, tue bald« dem Urtext entspräche?

Unsinn – das Ganze, erklärte Professor Th.: Larifari! Schuld der Deutschen, die – und das beträfe auch Katholiken – von ihrem Luther nicht ablassen wollten! *Tu bald* hieße in Wahrheit *tu schnell*, und schnell hieße in Wirklichkeit *schneller*, also: *so schnell es geht* und *was du tun willst*, hieße nur *was du tust* – er aber, Neal Th., zögere nicht, das *was du tust* mit *what you have to do* zu übersetzen, um so zu betonen, daß Judas in der Tat der executor novi testamenti sei, ein Gerichts-Vollzieher in wörtlicher Hinsicht.

Do quickly what you have to do: Diese Formel sei auf seine Initiative in die Oxford Bible eingeführt worden und – Dogmatik hin, Luther her –: Er bliebe dabei und stünde zu seiner These.

Unter diesen Umständen – immerhin galt es, eine Korrespondenz bis hin nach St. Louis zu führen: Archäologen wollten in gleicher Weise befragt sein wie Judaisten – war, in der zweiten Phase, nicht an einen fristgerechten Abschluß unserer Prozeß-Analyse zu denken. Es wurde Mitte März – wir gedachten des Märtyrertodes unseres Heiligen Longinus, als wir endlich – nur noch fünf Wochen Zeit! – die letzte (und schwerste) Aufgabe anpacken konnten. Jetzt kam es darauf an, daß wir alles, was wir bis zu diesem Augenblick über den Mann aus Kerioth gehört und gelesen hatten, wieder vergaßen und, ich sagte es schon, noch einmal von vorne anfingen.

Aber so schwer es auch war... ich glaube, es ist uns gelungen – und zwar durch eine simple Umkehr des Problems. Während unsere Vorgänger – Tausende von Theologen, Moralisten und Literaten – ihre Überlegungen mit der Frage begannen: *Was war der Verräter?*

fragten wir zunächst einmal: *Was war der Verratene?* Während *sie* mit Judas begannen, fingen *wir* bei Jesus an: Er steht im Zentrum jener drei Exegesen (man kann sie auch als *Formeln* oder *Modelle* bezeichnen), mit deren Hilfe wir, die am Informativprozeß beteiligten Richter, den Fall Judas Ischarioth zu lösen versuchten — dreier Auslegungen im Sinne jener archetypischen Trias, die ich oben erwähnte: dreier Formeln, von denen wir zwei verwarfen und eine für gültig befanden — und diese eine, die letzte, ist identisch mit dem Urteilsspruch der ersten Instanz.

Zunächst aber, formuliert von Synodalrichter Florian T., die erste Version. Jesus von Nazareth — so die Quintessenz dieser Formel — hat sich in Judas getäuscht. Einerlei, ob der Mann aus Kerioth (wie die einen behaupten) von Kindheit an ein Bösewicht gewesen ist oder ob ihn (wie die anderen sagen) der Teufel erst in Jesu Gefolge ausgespäht hat — auf jeden Fall war er verführbar... und eben das hat Jesus nicht gewußt, als er Judas erwählte und ihn *aus freien Stücken* zu sich rief: von niemandem gezwungen, weder im Auftrag einer weltlichen noch auf Befehl einer geistlichen Macht. *»Ihr habt nicht Mich — Ich habe euch erwählt«:* Dieser eine Satz genügt, um die These jener Exegeten zu widerlegen, die nicht wahrhaben wollen, daß Jesus sich irrte, und darum behaupten, Judas Ischarioth habe sich wider Christi Willen in die Schar der Apostel gedrängt — habe so lange gefleht und gedroht und gebettelt: er sei zuverlässig und verstünde sich auf viele Dinge, von denen die Hirten und Fischer nichts ahnten, bis Jesus sich schließlich des lästigen Menschen erbarmte und ihn an seinem

Tisch willkommen hieß. Aber diese Behauptung ist unwahr: In Wirklichkeit hat unser Herr sich weder durch List noch durch Schmeichelei hinters Licht führen lassen — er, der selbst die Redlichen abwies, die ihn bedrängten —, sondern mit freiem Willen einen Mann erwählt, der ihn bald darauf verriet. Jesus, daran gibt's nichts zu deuten, hat sich geirrt.

Er ließ sich betrügen. Darauf allein kommt es an. *Warum* er betrogen wurde, ist ein Problem zweiten Rangs. Mag Judas (wie die einen meinen) ein Kassier gewesen sein, der in den eigenen Beutel gewirtschaftet hat: um einiger Pfennige willen zu jeder Schandtat bereit. Mag er (wie die zweiten sagen) den Herrn angezeigt haben, weil er Jesu Reden — die Worte vom Menschensohn auf den Wolken so gut wie die Sätze über die Zerstörung des Tempels — für lästerlich hielt und sich des Gebots erinnerte *Du sollst das Böse aus deiner Mitte vertreiben*. Mag es ihm (wie die dritten erklärten) als Judenpflicht erschienen sein, den falschen Messias der Obrigkeit zu überliefern: Jesus von Nazareth, der sich für das Himmelskind ausgab und in Wahrheit nur ein Sohn der Erde war: furchtsam, immer auf der Flucht vor seinen Verfolgern, von Angst geschüttelt, wenn es Abend wurde und die Nacht begann: Wo waren die Legionen der Engel, wenn Er, wie von Hunden gejagt, die Dörfer verließ und sich in der Wüste versteckte?

Mag Judas gehofft haben (wie die vierten behaupten), Jesus werde Israel von der römischen Herrschaft befreien; mag es, als er seinen Irrtum einsehen mußte, Enttäuschung, Verzweiflung oder Resignation gewesen sein, die ihn zum Verräter werden ließ. Und weiter: Mag seine Tat durch böse oder gute Motive bestimmt worden sein; mag er — wenn's gute waren — den Versuch gemacht haben, ein Ereignis zu erzwingen, das nur durch Verrat bewirkt werden konnte — den Volksaufstand, das irdische Königtum, den Anbruch des Jüngsten Gerichts. Und abermals weiter! Mögen die Silberlinge und der Kuß auf einen Teufel, der zweite Gang zu den Priestern und der Selbstmord im Baum auf einen Menschen hinweisen, den — spät, viel zu spät — die Reue ergriff, oder mögen, umgekehrt, Silberlinge, Kuß und Todesart in Wahrheit Geheimzeichen sein, mit denen einer andeuten wollte: *Ich war gehorsam; ich liebte ihn; ich blieb ihm treu bis zuletzt.* Mag dieses oder jenes richtig sein — an Deutungen mangelt es nicht (Neid, Frömmigkeit, Ehrgeiz, enttäuschte Liebe, Fanatismus, Selbstverleugnung, Demut, Gewinngier: dieser Judas, so scheint es, hat tausend Gesichter), mag also der Verräter am Ende als ein wahrer Proteus erscheinen — gestern Teufel, heute Mensch und morgen Gott —: Was zählt das alles, was zählt das ganze Mirakel gegen das Wunder der Wunder: daß Jesus den Falschen erwählte ... Judas, den Anwalt des Teufels. Das Symbol der Finsternis. Was bedeutet das *mag* und *mag* und *mag* gegen das eine: daß der Herr sich täuschte. Daß er — man verzeihe das Wort — *hineingelegt* wurde. Jesus — vom Teufel dupiert. Ein Fall für Psychologen — genauso wie Judas. *Thou comest in such a questionable shape* — das gilt auch für Ihn.

Noch einen winzigen Schritt weiter, und Jesus von Nazareth hält einen Monolog in Hamlets Manier — wird zum Seelengrübler und Zweifler, der mit dem eigenen Ich Zwiesprache hält. *(Warum, mein Gott, hast du mich nicht gewarnt, als ich ihn erwählte? Weshalb hast du ihm kein Zeichen auf die Stirn gebrannt, das mich erkennen ließ: Der, den ich anblicke, ist aus Kains Geschlecht? Warum, Gott, ließest du zu, daß ich — unwissend und töricht wie ein Kind — in Beelzebubs Fallstricke ging?)*

In der Tat, hier sind der Phantasie keine Grenzen gesetzt: Der Augenblick, in dem Jesus plötzlich erkennt, daß er sich selbst den Scharfrichter auserwählt hat und zum ersten Mal zu jenem Jünger spricht, von dem er nun weiß, daß er sein Henker sein wird ... dieser Augenblick hat den Charakter eines wahren coup de théâtre — aber auch nicht mehr. Literaten mag die Version reizen, in der das Lamm den Schlächter zum Hirten bestellt: soll sich die Poesie getrost an der Vorstellung des irrenden, von Seelenangst und Zweifel erfüllten Jesus berauschen. Für uns Theologen ist die Formel: *Jesus war Judas' unwissendes Opfer* absurd ... wie absurd, das zeigt sich erst dann, wenn man den Traktat zu Ende denkt. (Und eben das, glaube ich sagen zu dürfen, haben wir getan.) Synodalrichter Florian T., der die Version vorgeführt hatte, brachte ihre Problematik auf den Begriff: *Hier wird Psychologie von der Erde in den Himmel erhoben und Jesus zum alter ego des Keriothen erniedrigt.*

Damit war die erste Formel abgetan, und wir wandten uns — unter der Aegide von Synodalrichter Paolo de C. — jener Version zu, in der Jesus seinen Verräter von Anfang an kennt. Den Verräter, jawohl! Das zweite Modell unserer archetypischen Trias beruht auf der Voraussetzung, daß Christus seinen Widersacher in der Voraussicht zum Jünger bestellte: *Dieser Mann wird eines Tages mein Mörder* sein. Er *wollte* das Satanskind unter den Söhnen des Lichts, er *wollte* den Habicht unter den Tauben, den Wolf inmitten der Schafe. Darum wählte er Judas: *Weil* — und nicht etwa: *obwohl* — der Mann aus Kerioth von Anfang an ein Kind der Hölle war ... ein Teufelchen, das durch die Wahl zum Beelzebub aufstieg. Bevor Judas in den Kreis der Jünger aufgenommen wurde, war er schlecht. Nach der Berufung zum Verworfenen aber wurde er böse. Er war ein kleiner Dieb: Nun endlich hatte er die Chance, ein großer Verbrecher zu werden. Und wie leicht hat unser Herr ihm seinen Sündenfall gemacht — kein Versucher hätte es besser gekonnt. Ausgerechnet ihn, den Schwächsten, setzte Jesus der Versuchung aus und lenkte den Verführbaren in eine Lage, von der er wußte, daß ihr Judas nicht gewachsen sei. Und wozu? Weil er ein Werkzeug brauchte; weil der Heilsplan des Bösen bedarf; weil gezeigt werden mußte, daß die Welt, nach Adams Fall, das Reich des Satans ist.

Und so geschah das Unvermeidliche. Judas ging seinen Weg, und niemand war bei ihm. Keiner hat ihn gewarnt — auch Jesus nicht. Statt dem Schwachen zu helfen, stieß er ihn immer tiefer in Elend und Schuld — *schneller, Gesell!* — ja trieb ihn sogar an, sein Werk zu vollenden, und preßte ihm schließlich — als ob's *noch* nicht genug sei — den Kloß in den Mund, damit Satan in seinen Rachen eindringen konnte. Das Teufels-Zeichen auf der Oblate! Das Liebesmahl als Teufelskommunion!

»Herr, bin ich's? Du hast es gesagt.« Nein, hier hilft kein Vater dem Sohn; kein Bruder dem Bruder; kein Lehrer dem Schüler. Hier wird, vom Himmel herab, mit

eisiger Stimme, ein Schicksal verkündet. Hier wird Gerichtstag gehalten, ein Fazit gezogen und *so ist es* gesagt. Die Tat will getan sein — auch wenn der Täter dabei krepiert. (Wir sagen: *krepiert.* Wir sagen: *verreckt.* Wir sagen nicht: *stirbt.*) Was schert Jesus die Schlinge, der Hanf, den Judas knüpfen wird? Er hat ja sein Kreuz!

Das sei Lästerung, sagt man? Es *ist* Lästerung — und es soll auch Lästerung sein. Damit die zweite Version — Judas als Jesu Opfer — in ihrem Aberwitz erkennbar wird, gilt es, die Formel bis zur letzten Konsequenz — bis hin zur puren Blasphemie — zu durchdenken. Darum — und nur darum — wurde das zweite Modell unserer Trias, das bereits der Antragsteller auf den Begriff gebracht hat, im Vortrag Pater Paolos de C. abermals pointiert. *Judas, die Beute eines überirdischen Monsieur le Vivisecteur, der zusieht, wie sein Opfer langsam verendet* — nein, dieser Gedanke ist nicht zu fassen. Möge Gott uns verzeihen, daß wir ihn dennoch zu denken versuchten und, um eine fromme Legende als Haeresie zu entlarven, selbst zu Haeretikern wurden.

Es geschah, ich wiederhole, nur um zu zeigen, daß die zweite Formel *Judas war das Opfer unseres Herrn* genauso absurd ist wie das erste Modell: *Jesus fiel Judas zum Opfer.* Damit bleibt nur noch die dritte Version. Die Antrags-Formel. Der Spruch der ersten Instanz. Ihm allein kommt Wahrheit zu.

Jesus von Nazareth, lautet — vorgetragen von mir, dem Patriarchen von Jerusalem — die Urteilsbegründung, hat Judas zum Verworfenen erwählt, weil der Mann aus Kerioth der Frömmste war — der einzige, dem Gott die Tat, vom Gang zu den Priestern bis hin zum Tod im Baum, zumuten konnte. Judas, der geduldiger als Hiob, klüger als Joseph und von Davids Nüchternheit war, wurde einer Aufgabe für würdig befunden, wie sie, bis heute, keinem Menschen gestellt worden ist: Er mußte um Christi willen zum Schlächter und Selbstmörder werden und, gehorsam gegen Gott, sich durch seine grauenvolle Tat so weit erniedrigen, daß nicht einmal die Heiligen wagen dürfen, für ihn zu beten.

Aber er hat es getan. (Darum sind wir erlöst.) Er hat seinen Auftrag erfüllt. (Wir haben Grund, ihm zu danken.) Er hat Gott preisgegeben. (Weil Gott es so wollte.) Er hat Jesus der Welt überliefert. (Damit sie ihn, um unseres Heils willen, töte.)

Judas ist der Andere Engel gewesen: Wie der Bote des Herrn die Hirten nach Bethlehem führte, so hat der Mann aus Kerioth, weil er fromm und gottesfürchtig war und Jesu Worten vertraute, die Soldaten nach Gethsemane geführt: »*Es muß geschehen. Ausgeliefert wird der Sohn des Menschen den Händen der Menschen. Töten werden sie ihn. Aber am dritten Tag wird er auferweckt werden.*« (Himmelsbote und Gesandter der Hölle. Anbetende Hirten und Henker mit Lanzen und Spießen. Der Stall und der Berg. Windel und Schamtuch. Hier Vater und Mutter: *Wir schützen dich;* dort die Jünger: *Nur fort von ihm! So schnell es geht!* Zweimal die Nacht, und zweimal Überlieferung: Ohne Judas keine Dialektik von Anfang und Ende. Kein Schluß – also auch kein Beginn.)

Judas Ischarioth: der erste Märtyrer unserer Heiligen Kirche. Wo andere nein gesagt hätten – *Nein. Dies denn doch nicht* –, sagte er ja; wo Johannes oder Petrus längst geflohen wären, auf dem Schindanger oder im Tempel, als die Priester die Geldstücke zählten: *Zähl nach, wenn du willst,* hielt Judas, als einziger, stand ... und war doch kein Gott, sondern ein Mensch, der Angst hatte und — seit er wußte, was ihm bevorstand — keine Nacht mehr kannte, in der er nicht in Gethsemane war. »Herr, doch nicht ich?« — was heißt das anderes als »Laß diesen Kelch an mir vorübergehen«?

Und dennoch verzagte er nicht: Er wußte ja, daß unser Herr ihn brauchte. Er wußte, Jesus fürchtete den Augenblick — wenn er nun doch käme? —, in dem Judas unter der Kreuzeslast seines Geheimnisses zusammenbrechen und, in der letzten Sekunde — schon im Hinausgehen, auf dem Weg in die Nacht — nein sagen könnte. Er wußte, Jesus hatte Angst, der Hilferuf könnte zum Doppelschrei werden: *Mein Gott! Mein Gott! Warum hast du uns verlassen?* Nur darum das *Tu so schnell du kannst, was du tun mußt:* »Eil dich, bring es hinter uns.«

Aber Judas sagte nicht nein, sondern blieb, wie Pater B. in seinem Antrag beweist, bis zum Tod mit Jesus verbunden: Die Worte, die er in Bethanien sprach: *Wozu der Kult? Gebt den Armen das Geld,* hätte auch Jesus gesagt haben können: Brot ist besser als Balsam. Was zählt, wenn es Winter wird, der Grabschmuck gegen den Mantel? Was das Mausoleum für den Herrscher gegen ein Feuerscheit für jedermann?

Jesus und Judas: Sie reden gleich. Sie sterben gleich. Sie handeln gleich. Die Jünger fliehen, aber die beiden, von denen jeder das Geheimnis des anderen kennt, küssen und umarmen sich; denn sie wissen: Jesus kann Judas, Judas kann Jesus nicht hindern, Gottes Gebot zu erfüllen. Nur eine kurze Weile — und sie sind am Holz vereint: Jesus am Kreuz — über ihm, sichtbar, die Schrift JESUS VON NAZARETH. KÖNIG DER JUDEN; Judas am Baum — über ihm, unsichtbar, die Worte des Herrn WER SEIN LEBEN GEWINNEN WILL, WIRD ES VERLIEREN, DOCH WER ES, UM MEINETWILLEN, VERLIERT, WIRD ES GEWINNEN.

Unter diesen Zeichen befürwortet das Gericht den Antrag, Judas aus Kerioth seligzusprechen, und fordert die Ritenkongregation auf, ihm die Würde eines Märtyrers zu geben.

Mit diesen Worten endet der Brief des Patriarchen von Jerusalem an den Kardinalreferenten der Ritenkongregation — jedenfalls sein offizieller Teil. Die beiden Schlußabsätze (insgesamt eine Seite), in denen der Richter, handschriftlich und vertraulich, die Motive seines Sinneswandels beschreibt, lasse ich fort. Sie haben Bekenntnischarakter und sind zu persönlich — für einen Beichtvater, nicht für ein Publikum bestimmt —, als daß ich sie in diesem Bericht aufführen möchte. Ich habe sie auch in dem für Seine Eminenz bestimmten Resümee beiseite gelassen: Schließlich kannte der Kardinalreferent den Brief ohnehin, und was die Glaubensanwälte und Offizialprälaten betrifft, denen, wie ich annahm, mein Prozeß-Auszug gleichfalls zu Gesicht kommen würde (die Herren haben viel zu beschicken und wollen rasch informiert sein), so war es Sache Seiner Eminenz zu entscheiden, ob ihnen die Erwägungen des Patriarchen vorzutragen seien oder nicht.

Ich, Ettore P., hatte mich auf die Zusammenfassung der Behauptungen, Theorien und Beweise zu beschränken, die von der einen oder anderen Partei dem Gericht während des Informativprozesses vorgelegt wurden — ein Konzentrat, mit dessen Hilfe (so hoffte ich) die Frage gelöst werden konnte: Ist es angezeigt, einen apostolischen Prozeß *In Sachen Judas* zu eröffnen — oder bestehen Bedenken dagegen? Gibt es womöglich Hindernisse — Schwierigkeiten im Sinne von Kanon 2082 des Gesetzbuches unserer Römischen Kirche —, von denen jeder Laie auf den ersten Blick erkennt, daß sie im weiteren Prozeßverlauf auf keinen Fall behebbar sind?

Nach Ansicht des Glaubensanwalts gab es solche Momente — und zwar in Hülle und Fülle: Darum plädierte er sowohl in seinem Geheimvotum als auch in jenem Brief an den Promotor Generalis, den ich hier in Form eines — vom Oberglaubensanwalt genehmigten — Auszugs zitiere, für die Nullität des Verfahrens und verlangte darüber hinaus, daß man das Urteil der ersten Instanz — mit dem Ausdruck der Mißbilligung und einer Rüge an die Adresse der Synodalen — unverzüglich für nichtig erkläre. Nur so könne gewährleistet werden, daß nicht noch weiterer Schaden entstünde: der jetzt schon angerichtete sei groß genug.

Dabei bestreite er keineswegs, betonte der Glaubensanwalt, die Rechtmäßigkeit des Verfahrens — *formal* sei alles in Ordnung. Er selbst habe — gemäß Kanon 2007, Abschnitt 4 — die Artikel gebilligt, über die das Gericht später die Zeugen befragte; er habe auch die Fragen zusammengestellt und dabei jene Punkte aufgeführt, die der Postulator – übrigens absichtlich, wie zu befürchten sei – nicht mit aufgeführt hätte; er könne weiterhin, um auch das noch zu sagen, keineswegs leugnen, daß die Zeugen alles in allem glaubwürdig waren (bei einigen freilich habe er Zweifel; doch das möge auf sich beruhen); und er würde schließlich dem Gericht sogar konzedieren, sich bei der Urteilsbegründung auf eine Exegese von Kanon 2102 zu berufen, die auch von ihm, dem Promotor Fidei, anerkannt werde: »Jeder, wer immer er sei: Mann oder Frau, Herr oder Sklave, Weißer oder Farbiger, hat Anspuch auf den Titel Märtyrer, wenn er den Tod in der Absicht erlitt, um Christi willen ein gutes Werk zu vollbringen.«

Mit einem Wort: Formfehler, das vorweg, habe er nicht feststellen können – aber was besage das schon: *Formal* ließe sich, mit Hilfe einiger sophistischer Volten – und an denen habe es in Jerusalem, bei Gott, nicht gefehlt – selbst ein Seligsprechungsprozeß für den Teufel durchführen. Der Weg von Judas zu Beelzebub sei kurz: man schlage nur nach in den Akten! Wenn da behauptet werde, unser Vater im Himmel bedürfe, um als Gott erkennbar zu sein, der Negation durch den Satan, dann werde doch wohl gefragt werden dürfen, warum das Gericht mit Judas nicht auch gleich Beelzebub in die Schar der Seligen eingereiht habe: Wenn schon *Seliger Judas*, dann bitte auch *Heiliger Satan*. Dann nicht auf halbem Weg stehengeblieben, sondern Konsequenzen gezogen: *Heiliger Luzifer, bitte für uns!*

Wie? Eine Unterstellung sei das? Demagogie? Immer gemach! Wenn das Gericht sich gestatte, Thesen, die ihm nicht paßten, bis zur Absurdität zuzuspitzen, dann müsse auch der Gegenpartei erlaubt sein, Sinn, mit Hilfe der Pointierung, als Widersinn zu entlarven. Und Widersinn sei das Ganze von Anfang bis Ende. Man möge dem Glaubensanwalt die Mühe ersparen, das Prozeßmaterial, These für These, an den Paragraphen der Dogmatik zu messen: Das könne jeder Ministrant genauso gut wie er, der Theologe von Profession, der bereits bei flüchtiger Lektüre mehr als dreißig schwere Verstöße gegen die Glaubenswahrheiten unserer Heiligen Kirche ausgemacht habe — und das allein wiege schon schwer genug. (Der Hinweis auf die befragten Koryphäen, von den Tübinger Theologen bis hin zu Professor Neal Th., beeindrucke ihn übrigens wenig — er wäre seiner Sache gewiß und fürchte keinen Disput.)

Aber schlimmer noch als der Übermut auf dem Feld der Dogmatik sei die Willkür in exegetischer Hinsicht — die Fahrlässigkeit, mit der Antragsteller, Zeugen und Richter den Text der Heiligen Schrift ausgelegt hätten. Er, Pater M., stünde wohl zuallerletzt im Verdacht, eine Vorliebe für die Wortklauberei der Protestanten zu haben; aber beim Studium der Akten, das wolle er denn doch einmal sagen, sei er sich tatsächlich wie ein leibhaftiger *reformator redivivus* vorgekommen: ein zweiter Luther, der — den Spruch *Das Wort sie sollen lassen stan* auf der Fahne — gegen römische Traditionalisten ins Feld ziehen mußte.

Diese wirren Spekulationen! Diese Anmaßung dem Text gegenüber! Diese dreiste Verfälschung des Sinns: Sacharja in einem Atemzug mit Judas genannt — der Hüter der Schafe mit dem Mörder des Hirten! Manchmal habe es ihm fast die Sprache verschlagen: angesichts der Leichtfertigkeit, mit der im Prozeß Logik und Sophisterei, fixierte Überlieferung und freche Phantasie, besonnene Auslegung und dreistes Exegisieren für einerlei Ding erklärt worden seien: beide gleich beweisbefugt. Kein Wunder wahrlich, daß bei solchem Wirrwarr in der Methode am Ende auch Himmel und Hölle durcheinandergerieten und Judas als Milchbruder Jesu erschiene: Der Teufel Arm in Arm mit Gottvater! Aber das käme dabei heraus, wenn man den Text, die Worte der Bibel so gut wie die Sätze der Väter: in ihrer schlichten Manier und Eindeutigkeit, aus den Augen verlöre. Am liebsten würde er — »ich weiß«, schrieb der Glaubensanwalt, »es steht mir nicht zu« — die versammelten Kardinäle, Prälaten und Professoren flehentlich bitten, nach dem Studium der Akten das gleiche zu tun, was er selbst getan habe: die Zeugnisse der Evangelisten zu lesen. Man möge ihm die Emphase verzeihen: Aber als er nach langen Prozeßmonaten den biblischen Text endlich wieder als Werk des Heiligen Geistes und nicht als historisches Zeugnis habe durchlesen können, da sei ihm wie einem Gefangenen zumute gewesen, den Feinde gezwungen hatten, wochenlang trüben Fusel zu saufen, und der, nach seiner Befreiung, zum ersten Mal wieder Quellwasser trinkt. Vorbei der Spuk. Vernunft und Glaube wieder in ihre Rechte gesetzt. Unbegreiflich, wie er jemals hatte glauben können, Judas sei kein Verräter gewesen!

An dieser Stelle folgt ein Exkurs, in dem Pater M. am Beispiel der Judas-Frage über die Gefahren der spekulativen Textauslegung meditiert und zu bedenken gibt, ob es nicht an der Zeit sei, endlich einmal »an herausgehobenem Ort« (dem Stuhl Petri also) jene Exegeten zur Ordnung zu rufen, die, mit verwegenen Einfällen prunkend, ihr Geschäft in der Manier von Poeten ausübten und eher bereit seien, den Text (und mit dem Text auch das Dogma) als den eigenen Witz preiszugeben. Ich übergehe die Stelle und setze dort wieder ein, wo der Glaubensanwalt seine Gegen-Thesen formuliert — Thesen, die er in der Form von Lehrbuchsätzen entwickelt ... und im gleichen Augenblick verwandelt sich sein Stil. Das Wechselspiel von Juristen-Umständlichkeit und inquisitorischem Pathos (eine Dialektik, die mein in indirekter Rede gehaltenes Resümee — indirekt, weil's der Promotor Fidei wünschte — freilich nur unvollkommen wiedergibt) wird von nun an durch Sachlichkeit und knappe Rede ersetzt; Hauptsatz reiht sich an Hauptsatz: Der Glaubensanwalt spricht hinfort wie ein Mann, der sich darauf beschränken darf, Schulmeinungen zu rekapitulieren. Kein *während, wiewohl* und *anderseits:* Der Katechismus kennt nur Ja oder Nein. Wahrheit und Irrlehre, Dogma und Haeresie, hier: *ich sage,* dort: *sie erdreisten sich* — die Antithese regiert; Vermittlung und Kompromiß sind verpönt; an die Stelle des *Sowohl-Als auch* ist das *Entweder-Oder* getreten: Die Argumentation — dies zeigt die Art, in der sie vorgetragen wird — spricht für sich selbst. Ich zitiere das Folgende, mit Ausnahme einer längeren Abschweifung über das Problem *Judas und die Erbsünde des Menschen,* wörtlich bis zum Schluß.

Das Gericht vertritt die These, Judas sei kein Verräter gewesen, und erklärt ihn zum Überlieferer. Es gibt dem Kind des Teufels die Würde eines Exekutors des göttlichen Willens, ja es wagt sogar zu behaupten, daß es ohne Judas' Überlieferung keine Überlieferung im Sinne unserer katholischen Tradition geben könne. Es macht Judas zum Vater der Päpste und zum Ahnherrn aller Heiligen, kurz, es maßt sich an zu erklären, Judas Ischarioth sei nicht nur im wörtlichen, sondern auch im übertragenen Sinn der Überlieferer Christi gewesen — wenn man so will, der fünfte Evangelist.

Aber das ist nicht wahr. Das sind Wortspiele, denen sich der Text widersetzt. Wenn die Schein-Exegeten sich darauf berufen, daß für die Evangelisten *ausliefern* und *überliefern* Synonyma seien und daß *ausliefern* nur an einer einzigen Stelle im Sinn von *verraten* auftauche, dann erkläre ich — und zwar unmißverständlich, mit allem gebotenen Nachdruck: Mir genügt diese Stelle. Sie ist eindeutig und durch keine neumodische Auslegungskunst zu widerlegen. Hier helfen weder semantische Tricks noch das Zauberspiel der Metaphorik. Judas, sagt der Heilige Lukas, war ein Verräter. Diesem Satz hat unsere Kirche zweitausend Jahre lang vertraut, und sie wird es auch weiterhin tun.

Dies zum ersten. Nun der zweite Punkt. Das Gericht behauptet: Die Evangelien lügen. Die These, der Mann aus Kerioth habe unseren Herrn aus Gewinnsucht verraten, ist falsch. Judas, sagt das Gericht, war kein Betrüger — im Gegenteil, er war ein ehrenwerter Mann: fromm und gehorsam gegenüber Gott. Was er getan hat, hat er freiwillig, im Einverständnis mit unserem Herrn

Jesus, getan — die Beweise lägen auf der Hand: die Rückgabe der Silberlinge — ein Zeichen: *Ich habe, wie der Prophet, auf Befehl Jahwes gehandelt,* der Liebeskuß, der Tod im Baum.

Aber diese Beweise sind keine Beweise. Die Reue des Schlächters hat nichts mit der gerechten Empörung des guten Hirten zu tun: Judas ist nicht Sacharja. Der Kuß war kein Liebesbeweis, sondern die Geste eines Empörers: *Mit einem Kuß,* so steht es in der Schrift, *verrätst du den Menschensohn?* Und was den brüderlichen Tod angeht — *brüderlicher Tod:* diese Apotheose des Selbstmords erfüllt den Tatbestand der Ketzerei! —, so war er in Wahrheit der Suizid eines verworfenen Menschen — die Verzweiflungstat eines Mannes, der, weil er Gottes Zorn fürchtete und Seiner Gnade mißtraute, dem Gericht des Jüngsten Tags zuvorkommen wollte.

Nein, hier ist kein Zweifel erlaubt. Die Texte sprechen für sich. Ihr Zeugnis ist glaubwürdiger als die Spekulation von Exegeten, die in meinen Augen — man verzeihe die abgegriffene Formel — keine Ausleger, sondern Hineinleger sind. *Sie* verfahren als Psychologen — und nicht der Heilige Johannes Evangelista, dessen sogenanntes Judas-Psychogramm in Wirklichkeit den Charakter einer theologischen Fall-Studie hat. Die Synodalrichter irren. Die von ihnen vertretene These »Im zwölften Kapitel Johannes' verwandelt sich das Böse in Menschengestalt in einen bösen Menschen« ist nicht zu halten: Gerade der vierte Evangelist hat in Judas immer den Stellvertreter Satans gesehen. (Was der Teufel selbst nicht erreicht, gewinnt er durch sein Subjekt: Das ist eine *johanneische* These.) Keine Rede von moralisierender Beckmesserei, von Haß auf den Heuchler und Dieb! Silberlinge, Beutel, Hanf, Kuß und Brocken sind nichts als Symbole — zeichenhafte Attribute eines Menschen, der nicht »schlecht« ist, sondern für das Böse steht: ein Beispiel-Mann also, wie das Gericht ihn verlangt, und kein Schuft namens Judas. *Wenn* hier einer moralisch argumentiert und den Gegner an den Pranger stellt, dann gewiß nicht Johannes: eher schon der federführende Richter, der um Judas' Freispruchs willen (und nicht nur *Freispruchs. Seligpreisung! Ehrenerklärung!)* für den Evangelisten Johannes die Todesstrafe beantragt. »Die Art und Weise, in der Johannes sein Seelengemälde entwickelt, hat den Charakter einer Exekution«: *Das* nenne ich mir eine Hinrichtung! *Das* ist Mord! (Und Blasphemie dazu. Aber dies versteht sich mittlerweile von selbst.)

Kurzum, hier wird offensichtlich versucht, den Kronzeugen der Gegenpartei für befangen — und theologisch inkompetent — zu erklären. Judas contra Johannes: Das ist zu durchsichtig, um überzeugen zu können. Der Vorwurf, der Moralist Johannes Evangelista habe Judas als persönlichen Gegner erledigen wollen, fällt auf den zurück, der ihn erhoben hat.

Und nun der dritte Punkt. Das Gericht behauptet: Jesus Christus hat gewußt, daß Judas ihn ausliefern werde. Diese Behauptung ist richtig: Ich teile sie. Das Gericht behauptet aber zugleich: Jesus hat Judas zu seinem Vertrauten gemacht. Es behauptet: *Wenn unser Herr seinen Verräter nicht eingeweiht hätte: Du bist der Andere Engel. Du bist erwählt, verworfen zu sein, so wie ich verworfen bin: so wie sich Gott verworfen hat, indem er mich dir auslieferte – dir und den Menschen, um ihrer Erlösung willen* – das Gericht behauptet: Wenn Jesus seinem Überlieferer diesen Heilsplan nicht mitgeteilt hätte, dann wäre Judas Jesu Opfer geworden. Diese Behauptung ist unwahr – und nicht nur unwahr, sondern pure Spekulation. Sie ist ketzerisch und steht im Widerspruch zu den Lehren unserer Kirche. Sie verkennt die Freiheit des Menschen, gegen Gottes Gnade zu rebellieren. Sie setzt sich über das Dogma hinweg, das besagt: Gott bestimmt keines seiner Geschöpfe zur Sünde. Sie verleugnet die Spannung zwischen ewigem Heil und zeitlicher Sünde. Sie mißachtet die Dialektik von Verwerfung – Judas, der von Gott Verdammte – und freier Entscheidung: Judas, ein Mensch, der sich der Gnade entzieht. (Gott, so bekennen wir, hat den Willen, uns selig zu machen: also auch Judas; Christi Erlösungstat gilt für uns alle; aber Judas hat sich ihr widersetzt.)

Ich behaupte, in Übereinstimmung mit den Lehren unserer Heiligen Kirche: Jesus Christus mußte ausgeliefert werden. Ausgeliefert in die Hände der sündigen Menschen. Ausgeliefert, damit Er, als der von Gott bestimmte Retter, wortwörtlich der Unsere würde. Darum heißt es in der Schrift: »Der Menschensohn muß sterben; denn es wurde geschrieben: Er geht dahin.« .

Es mußte geschehen, Gott wollte es so: Dies ist das eine. Das andere aber ist – und hier beginnt das Geheimnis, das wir hinnehmen müssen – das Mysterium, über das, als es sich ankündigte, selbst Christus erschrak: »Erschüttert war er im Geist«: Wer die Tat verübt, die um Gottes Heilsplans willen getan werden muß, ist ein Sünder. Nur der Schuldige kann sie verüben. Nur das Kind der Finsternis. Und Judas *war* ein solches Kind. Darum hat ihn der Teufel erwählt. (Aber hinter dem Teufel — ihn lenkend: so wie Satan Judas gelenkt hat, steht Gott. Auch dies ist ein Geheimnis, das wir annehmen müssen.)

Judas *war* schuldig. Schuldig durch seinen Unglauben, seine Geldgier, seine Heuchelei, seinen Verrat, seine Vorwegnahme des göttlichen Spruchs: seinen Satansdienst also. Jawohl, er *war* schuldig. Darum heißt es in der Schrift — und es ist bezeichnend, daß das Gericht diesen Satz an keiner Stelle der Urteilsbegründung zitiert: »Wehe dem Menschen, der den Menschensohn ausliefern wird — es wäre besser für ihn, er wäre niemals geboren.«

Hier die Vorherbestimmung von Ewigkeit her und dort dennoch Freiheit und Schuld: Für uns mag das ein Widerspruch sein — nicht aber für Gott. Er hat Judas verworfen. Er hat Judas erwählt. Er hat ihn geleitet. Er hat ihm die Freiheit gegeben: Noch als verdammtes Geschöpf bleibt Judas Ischarioth das freie Ebenbild Gottes. Er mußte die Tat tun — aber es war *seine* Tat. Er mußte den Heilsplan erfüllen: aber als Sohn der Finsternis und als Kind des Verderbens ... in offener Revolte gegen denjenigen, der ihm bis zum Ende seine Liebe bewahrte, indem Er ihm diente und ihn, bevor die Satansstunde kam: die Nacht und das Kreuz, an der Heiligen Kommunion teilnehmen ließ.

Hier folgt die Abschweifung über Fragen der Erbsünde, der Gnadenlehre und Prädestination, in deren Verlauf der Glaubensanwalt, am Beispiel der Judas-Tat, den Versuch unternimmt, das Dogma von der *reprobatio ad interitum post praevisa demerita* (wie wir Theologen Gottes Schuldspruch nennen) mit der zuvor zitierten These in Einklang zu bringen: »Ungeachtet von Prädestination und Verwerfung ist der Mensch, dem Gott mit seiner Freiheit auch die Freiheit zu sündigen gab, für seine Taten voll verantwortlich.« Ich lasse, wie schon angekündigt, diesen Abschnitt fort. Der Glaubensanwalt, so scheint mir, verfällt hier dem gleichen Fehler, den er dem Gericht vorhält. Bestrebt, den Vorwurf zu entkräften *Wenn Satan Gottes Gehilfe, Judas Satans Spießgesell: also Gottes Beauftragter war – wieso ist er dann schuldig?*, verliert er sich in Spekulationen. Die Beweisführung büßt von Seite zu Seite mehr an Logik ein, und am Ende sieht sich die zweite Variation des Gerichts – *Judas als Opfer* – eher bestätigt als widerlegt. Nicht ohne Grund hat der Promotor fidei generalis diese Passage, in der die Begriffe »Paradoxie« und »göttliches Geheimnis« vorherrschen, mit einer Reihe von Fragezeichen versehen und die Worte »Molinismus« und »synergistisch«, aber auch Namen wie Augustin, Bonaventura, Calvin und – sic! – Karl Barth an den Briefrand geschrieben. Und damit genug des Exkurses über den Exkurs. Ich fahre fort und zitiere den Schluß.

Das Gericht behauptet nicht allein: Judas war ein reuiger Sünder – ein Opfer, das wir, in unseren Gebeten, Gottes Gnade empfehlen. Das Gericht will mehr. Es behauptet: Judas war schuldlos – und auch dies genügt ihm noch nicht. Statt auf mildernde Umstände oder, meinethalben, auf Freispruch zu plädieren, besteht es auf der vollen Rehabilitierung des Beklagten – aber selbst das ist ihm am Ende zu wenig. Es verlangt – *verlangt!* –, Judas Ischarioth seligzusprechen und ihn in die Märtyrerschar unserer Kirche zu reihen. Nicht wir sollen für Judas: Er soll für uns beten.

So weit ist es gekommen; *dahin* hat es geführt, daß Genie und Subjektivität in unserer Kirche seit langem mehr gelten als Lehre und Text: Wäre das anders – es hätte niemals einen Fall Judas gegeben. Man zeige mir eine Stelle in den Evangelien – eine einzige! –, die das Gerichtsurteil schlüssig belegt... und ich nehme alles zurück. Aber diese Stelle gibt es nicht. Bei Markus nicht. Bei Matthäus nicht. Bei Lukas nicht. Auch nicht bei Johannes, dem Angeklagten des Gerichts. (Ein Tatbestand, der die Richter und Zeugen übrigens keineswegs hindert, den vierten Evangelisten nach Herzenslust zu zitieren. Wenn es um den Keriothen geht, ist ihnen selbst der Pakt mit Johannes, dem Teufel, genehm: Er ist ihr Judas.) Und wie könnte das auch anders sein: bei einem Gericht, das mit den Heiligen Texten umgeht, als ob's Druckfahnen wären, die man nach eigenem Ermessen umformen kann? Hier eine Passage gestrichen – die Richter verschweigen, daß Judas, als Apostel, auf Petri Befehl durch Matthias ersetzt worden ist –, dort ein Absatz umgeformt: Den Schindanger zur Heiligen Stätte erklärt! Den Töpferacker zum Märtyrergrab! Und den Baum, an dem sich Judas erhängte, schnurstracks mit dem Kreuz Christi verglichen: Holz als *tertium comparationis* – eine feine Methode fürwahr! Judas als Erstgeborener unter den Toten!

Ich bitte um Vergebung, daß ich mich hinreißen ließ. Hier ist nicht der Ort für Sarkasmen. Es bedarf keiner Erregung. Der Fall ist klar. Ein Satz genügt. Er heißt: Wenn das Gericht behauptet, es könne sich bei seiner Urteilsbegründung auf die Schrift und die Lehren der Kirche berufen, dann lügt es.

Ich, der vom Heiligen Stuhl berufene Glaubensanwalt, erkläre hiermit: Die These des Gerichts ist ketzerisch von Anfang an. Judas war kein Märtyrer. Judas war ein Verbrecher – und bleibt es auch dann, wenn man bedenkt, daß Gott ihm erlaubte, in Sünde zu fallen. Denn *erlaubt* heißt nicht *verleitet* oder gar *bestimmt*. Es heißt: Judas behielt seine Freiheit; Gott hat ihn nicht zur Sünde determiniert. *Deus permisit ut peccaret, non impulit.* Er *ließ zu,* daß Judas sündigte; aber er *zwang* ihn nicht. *Er trieb ihn nicht an!* Alles Weitere steht in der Schrift. Ihre Sprache ist deutlich.

Die Schrift sagt: Judas war ein Verräter.
Die Schrift sagt: Judas ist ein Heuchler gewesen.
Die Schrift sagt: Judas war unrein.
Die Schrift sagt: Judas glaubte nicht.
Die Schrift sagt: Judas hat unseren Herrn Jesus betrogen.
Die Schrift sagt: Judas versuchte, sich Gottes Gericht zu entziehen.

Die Schrift sagt: Judas war der Feind aller Guten. Der Feind des Herrn. Der Feind der Jünger. Der Feind der frommen Maria. Der Feind des Heiligen Petrus.

Die Schrift sagt: Judas war das Kind der Finsternis. Der Sohn des Verderbens. Satans Stellvertreter auf Erden.

Die Schrift sagt: *Schuldig. Schuldig. Schuldig.*

Dieses Urteil aber — *Judas: verdammt und verworfen* — ist identisch mit der Lehre unserer Kirche, dem Richtspruch der Kunst, der Überlieferung im Volk und der Legenden, wie sie die Leute auf dem Lande noch heute erzählen. Man schaue sich um, schlage nach und denke an die frommen Spiele, in denen Judas um die Silberlinge feilscht — der gleiche Judas, dem die Muttergottes ihren Sohn anvertraut hat: *Gib acht auf ihn.* Und dann die Gemälde: Judas, das Raubtier unter den Lämmern. Der Unhold in der Schar der Gerechten: Hand am Beutel. Scheeles Auge. Böser Blick. (Der große Leonardo, so wird berichtet, hat monatelang Mailands Verbrecherwinkel auf der Suche nach einem Menschen durchstreift, dessen Gesicht gemein genug war, um dem Verräter als Vorbild zu dienen — aber er fand niemanden.)

Und dann die Dichter, die Märchenerzähler! Judas, mit Evas Schlange im Arm. Judas, der Jesus die Ferse zerbeißt. Judas am Baum: Das Gekrös in den Händen. Die Seele aus dem After entflohen: Der Mund, der Christi Lippe berührt hatte, war ihr versperrt. Das Gedärm, aus dem der Todesplan gekommen war, in blutige Schlingen zerfallen. Die Kehle, der einmal der Satz »Ich will ihn verraten« entströmte, vom Hanf zugeschnürt.

Judas, hoch in der Luft von schwebenden Teufeln umflattert: weder im Himmel noch auf der Erde zuhause. Von Gott und den Menschen verdammt.

Judas, immer wieder Judas. Im Massengrab. Auf dem Blutfeld. In der Untersten Hölle: gepackt von den Zähnen des dreiköpfigen Teufels. Der Kopf steckt schon in Belials Rachen; der Leib, eine Hostie aus Fleisch, liegt auf der Zunge; die Füsse zappeln im Freien.

Judas, der Fratzenmann. Sein Schamglied: hoch wie ein Turm. Sein Leib: von Eiter und Würmern zerfressen. Sein Körper: so feist, daß der Mann nicht einmal mehr dort hindurchkommen kann, wo Platz für eine Kutsche ist.

Judas, die Spottgeburt: Kratzfüßig und gehörnt. Judas, der Wucherer: Das geile Lächeln. Der Blick auf das Silber. Die beutesuchende Pranke. Judas mit der Judaszunge. Judas mit dem Judasohr.

Nein, das sind keine Ausgeburten einer wirren Phantasie. Das hat nichts mit Sadismus zu tun. Ganz im Gegenteil. Das alles zeugt für den Geist einer Epoche, einer gesunden Zeit mit festem Wertsystem, in der der Teufel noch Teufel genannt werden durfte — und nicht Seliger Judas. Hier spricht die Frömmigkeit. Hier reden Menschen, die den Mut hatten, die Dinge beim Namen zu nennen. Wer aber wagt das heute noch? Wer traut sich zu — jetzt, wo man den Verrätern Adelsbriefe schreibt —, mit der Entschlossenheit eines Kardinals F., Münchens Erzbischof, von *Judas' Charakterfehlern* zu sprechen und — 1932, in der Predigt über Judas Apostata — einen Satz wie diesen zu formulieren: »Die Heuchelei der Judasseelen stirbt nicht aus«? Als ob es nicht

gerade *heute* Judasse zu Tausenden gäbe! Als ob...
aber ich breche ab. Mein Spruch ergibt sich ohnehin von
selbst. Er heißt: *Null und nichtig.*

Ich plädiere für Absetzung des gesamten Verfahrens und betone zugleich, daß ich mir vorbehalte, gegen Zeugen und Richter Anzeige wegen erwiesener Ketzerei zu erstatten. Im Angesicht des Teufels und seiner Schergen hilft nur das Schwert. Das Richtschwert des Lehramts. Die Waffe der kirchlichen Autorität. Für fromme Worte ist es jetzt zu spät: Wenn heute Judas Ischarioth zum Seligen erklärt werden soll, dann ist morgen Satan selbst an der Reihe — und um das zu verhindern, müssen wir endlich wieder den Mut haben, das Böse als böse und den Feind — den Feind im Äußeren ohnehin und den Feind im Inneren erst recht — als Feind zu bezeichnen.

Ehre sei Gott!

Laus deo: Das erste war auch das letzte Wort meines Prozeß-Resümees. Am 18. Mai 1962 hatte ich meine Arbeit begonnen, ein Jahr später, wiederum im Mai, den Punkt hinter die Schlußformel gesetzt. Vier Tage darauf übergab ich das Exzerpt dem Kardinalreferenten, der es abschreiben ließ und die Kopien dem Prälaten und Konsultoren der Ritenkongregation übergab. Ein paar Monate noch — vielleicht auch nur Wochen —, und das Kardinalskollegium konnte, gemäß Kanon 2082 unseres Gesetzbuchs, über die Frage befinden, ob im Fall Judas der Auftrag zur Einleitung des Seligsprechungsprozesses erteilt werden solle oder nicht — eine

Frage, die, so schien es mir, nach dem Votum des Glaubensanwalts nur mit *Nein* zu beantworten war. Ich erwartete also eine schnelle Entscheidung.

Aber ich hatte mich geirrt. Heute, am 14. Oktober 1974 (man feiert das Fest des Heiligen Papstes und Märtyrers Kallistus, der, auf Befehl Kaiser Alexanders eingekerkert, gefoltert und in einem Brunnen versenkt, nach seinem Tod in die Himmlische Glorie einging) sind mehr als zwölf Jahre vergangen, seitdem ich — für den Kardinalreferenten, für die Prälaten, für einige Freunde und für mich selbst — den Fall Judas aktengetreu zu beschreiben versuchte. Damals lebte noch der Große Papst; der Wind war frisch; man brach zu neuen Ufern auf; von einem Tag zum andern galten selbst bewährteste Tabus nicht mehr; in Rom wurden Fragen gestellt, die ein Jahrzehnt vorher niemand zu denken gewagt hätte.

Inzwischen ist das alles längst Vergangenheit. Der Wind hat sich gelegt — es war nur ein Stürmchen, sagen die Römer; Tabus sind wieder Tabus, und in der Heiligen Stadt herrscht wie eh und je Ruhe. Die Inquisition ist wachsam; wer wider den Stachel löckt, wird zur Ordnung gerufen; der Aufmüpfige verliert seine Stellung, und Reformatoren heißen wieder — Rebellen. Ich habe es am eigenen Leibe erfahren. Ich bin kein Prokurator mehr. Man hat mir den Prozeß gemacht und mich meiner Ämter und Würden beraubt.

Ich lebe jetzt, unter dem Namen Ettore J. Pedronelli, in der Nähe von Florenz. Ich, der einmal Pater Ettore P. war: Doktor der Rechte und Lizentiat der Theologie — ein konservativ gesonnener Mann mittleren Alters, dem, wie seine Notizen beweisen, der Glaubensanwalt nicht ferner stand als der Patriarch. Ettore P.: ein Saulus, der sein Damaskus erlebte, als ihn im Herbst 1964 jener Franziskaner Berthold B. aufsuchte, auf dessen Betreiben hin das Verfahren in Sachen Judas vier Jahre zuvor eingeleitet worden war. Von ihm erfuhr ich zum ersten Mal, daß der Prozeß noch immer nicht entschieden sei. (Ich hatte ihn, mit neuen Pflichten beschäftigt, aus den Augen verloren: Meine Aufgabe war getan, und der einzige, bei dem ich mich nach dem Fortgang des Verfahrens hätte erkundigen können, der Kardinalreferent, lebte nicht mehr. Er starb, ganz unerwartet, wenige Wochen nach der Übergabe des Exzerpts.)

Die Angelegenheit, so Pater B., sei ruchbar geworden, man spräche von gezielter Indiskretion: Eine Gruppe fortschrittlich gesonnener Theologen (die übrigens nicht für Judas' Seligsprechung, wohl aber für die volle Rehabilitierung des Keriothen einträte) habe mehrfach gedroht, das Ganze zu einer öffentlichen Affäre zu machen — und davor fürchte man sich in Kreisen der Kongregation. Zwar sei das Urteil selbst kein Problem; was aber die Begründung: Judas' erneute Verdammung (denn darauf liefe es natürlich hinaus) und die Diskussion angehe, die danach einsetzen werde, so sähe man Schwierigkeiten voraus und halte es deshalb für ratsam, die Sache zunächst einmal anstehen zu lassen, ein paar Jahre zumindest, dann wäre man weiter als jetzt: Schließlich gäbe es ja noch andere Prozesse (mehr als achthundert alles in allem), die seit langem darauf warteten, entschieden zu werden... darunter Fälle von größtem Gewicht. Pater B. möge sich also gedulden. Das Beste sei, er führe nach Jerusalem zurück: sein Orden, und nicht zuletzt der Guardian, werde sich freuen. Er könne sich darauf verlassen, daß er rechtzeitig Bescheid erhielte, sobald man ihn brauche. Dann sei immer noch Zeit, die Sache, die ihm so sehr am Herzen liege, vor Gericht zu betreiben. In fünf oder sechs Jahren vielleicht? (Es könnten freilich auch acht oder zehn sein; Genaues könne man in Fällen wie diesem nicht sagen.) In der Zwischenzeit aber möge er noch einmal in Ruhe bedenken, daß, ungeachtet seiner theologischen Brisanz, der Fall Judas in erster Linie ein Politikum sei, das behutsamste Behandlung verdiene. Hier käme es auf Vorsicht an, auf Sorgfalt und Diplomatie; die selbstgewisse Pose, wie sie Pater B. in den letzten Wochen und Monaten an den Tag gelegt habe, sei ganz und gar nicht am Platz. Sein Auftreten, das müsse einmal in camera caritatis gesagt sein, wirke selbst auf Gutmeinende provokatorisch.

Das war zweifellos eine Warnung — und Pater B. verstand sie auch so. Aber statt aufzugeben verfolgte er seine Sache fortan mit doppeltem Eifer, machte Eingaben an den Heiligen Stuhl, besuchte Prälaten, hielt Konsultoren auf der Straße an, bat bei den Kardinälen um eine Privataudienz, schrieb Briefe an Theologen, von denen er wußte, daß sie in Rom Einfluß besaßen, kurz, versäumte keine Gelegenheit — und scheute dabei weder Winkelzüge noch dreiste Attacken —, um die Würdenträger unserer Kirche an seinen Fall zu erinnern. Aber je mehr er sich mühte, desto abweisender wurden die Priester, die er besuchte. Briefe kamen ungeöffnet zurück. Anfragen blieben unbeantwortet. Selbst Ordensbrüder ließen sich verleugnen, wenn B. ihre Hilfe erbat; im Kloster, wo er eine Gastzelle bewohnte, wich man ihm aus; wohin er auch kam — überall wurde er als Wirrkopf und Querulant etikettiert — »da kommt Judas« hieß es nicht selten. Aber B. blieb unbeirrbar und machte selbst dann noch weiter, als seine Feinde — auf wessen Geheiß, ist bis heute nicht klar — die Verachtung, die sie ihm bis dahin gezollt hatten, durch offenen Terror ersetzten. Einmal war mit Kreide ein J auf seine Zellentür geschmiert; ein anderes Mal erhielt er einen Brief mit der Aufschrift An Judas B., den Verräter; dann wieder wurden ihm auf der Straße Zettel in die Hand gedrückt *Gib endlich auf,* und schließlich teilten ihm seine Oberen mit, er habe, wenn er sich weiterhin so verstockt verhalte wie bisher, mit seiner Rückberufung zu rechnen. Das war am Tag, bevor er zu mir kam: unangemeldet, spät abends, mit verstörtem Gesicht, ich wollte ihn nicht hereinlassen, aber er flehte mich an: Ich müsse ihm helfen. (Ja, wer sei er denn überhaupt?) Aber ich kennte ihn doch! (Sein Name?) Ich hätte doch seinen Antrag gelesen. (Wovon er rede?) Das Plädoyer, Judas Ischarioth ... (Warum halte er inne? Heiße er am Ende B.?) Ich sei seine letzte Hoffnung. (Er käme aus Jerusalem?) Ob er eintreten dürfe? Ich ließ ihn herein. Unser Gespräch begann. Saulus stand vor Damaskus — und der Mann, der ihn bekehrte und dessen Erbe er antreten würde, war einer aus Judas' Gefolge. Als ich Pater B. sah, wußte ich, daß er immer noch unter uns ist: Judas, der Störenfried. Judas, das Freiwild. Ein Opfer der Inquisition; ein Opfer der Glaubensanwälte — ihm galt es zu helfen.

Mein Entschluß stand fest: Ich mußte, um aller Judasse willen, die Sache des einen vertreten. Ich mußte, wenn es nötig sein sollte, den Fall übernehmen. (Es *sollte* nötig werden: B. erkrankte schwer; hoffnungslos, sagten die Ärzte, sein Geist sei zerstört. Die anderen Helfer, das Gericht und die Zeugen, antworteten, wenn sie überhaupt schrieben, resigniert und kühl: Es habe keinen Zweck. Der Fall sei erledigt. Die Feme hatte ihre Wirkung getan.)

Schon am nächsten Tag begab ich mich ans Werk, ging meine Aufzeichnungen durch — wie anders sah nun alles aus: jetzt, wo Judas für mich kein papierener Schatten, sondern ein Mensch aus Fleisch und Blut war, ein Mensch mit einer Seele und einem Schicksal —, studierte die Akten-Kopien, prüfte die Texte, verglich Kommentare . . . und je länger ich las, desto deutlicher wurde das Bild. Der Glaubensanwalt hatte, in seiner Weise, recht: Judas war kein Mensch, sondern ein Tier und ein Teufel. Jawohl, dazu hatten ihn die Künstler gemacht, die Bildhauer, Dichter und Maler: ihn, den Grobian am Rande des Tischs, mit seiner Judennase und den breiten Backen des Itzigs. Rothaarig, eingehüllt in gelbes Tuch. Der gelbe Neid, der gelbe Geiz. Judas, abgetrennt von den Frommen. Sie schweigen und lauschen — er poltert und droht, stiehlt Fische vom Tisch, läßt das Silber im Beutel verschwinden, vergießt Wein, stößt den Stuhl um, schnappt dem Herrn den Satansbrocken aus der Hand, hat ein Nilpferdmaul, Füße wie ein Gorilla und das Herz eines Maulwurfs. (»Wer sah je ein so unerhörtes Gastmahl«, schreibt einer der Väter, »wo der Maulwurf, der Sohn der Finsternis, zugleich mit dem Adler teilnahm? Zur Abendzeit verließ Judas den Saal, der Bock war geflohen ... und als er hinausging, war sein Kopf schwer wie ein Stein, sein Gesicht glühte, seine Züge waren entstellt, sein Herz zitterte, sein Wesen war verstört, die Zähne knirschten, die Knie schlotterten. Die Überlegung wich von ihm, und er war ohne Verstand.«)

Welch ein Kontrast zu den Frommen und Feinen mit dem Heiligenschein! Sie beten. Er gestikuliert. Sie kommunizieren. Er furzt und spielt auf: »Wenn ein Jud einen Pomp läßt, dann tanzen die Engel im Himmel.«

Judas, der Schwarze unter den Blonden; sie in der Mitte, er am Rand – mal riesengroß, mal klein wie ein Zwerg. Auf jeden Fall: Der andere. Während die Elf zusammengehören, steht Judas für sich. Sein Umgang: Teufel, Tiere und Juden. Hunde und gerupfte Hähne, Geister der Hölle und die Männer mit dem spitzen Hut.

Ausgespuckt und verlacht. Christus ruht triumphierend am Kreuz. Seine Füße stehen fest auf dem Sockel. Die Gemeinde trägt ihren Herrn. Judas krepiert am Baum. Seine Beine zappeln in der Luft. Der Geldsack ist umgekippt. Die Silberlinge nützen nichts.

Ausgezischt und verworfen. Elf Männer gehen zur Kirche. (Kirche heißt: *Rosenkranz und Kreuz*). Einer geht in die Synagoge. (Synagoge heißt: *Marterwerkzeug und zerbrochener Stab.*)

Langsam begann ich die Wut zu begreifen, den Haß, der diesem Einen galt. (Und, das wußte ich jetzt, auch heute noch gilt.) Judas: Das ist der Skeptiker unter den Glaubensgewissen. Der einzig Selbständige unter den auf blinden Gehorsam eingeschworenen Vielen. Der

Zauderer unter den Losstürmenden. Der Warner unter den Sorglosen. Der Rechner unter den Verschwendern. Judas, der Nein-Sager: die ungeliebte Kassandra, die, von Gott verflucht, den Blinden sagen muß, wie's ausgehen wird: Heute Jubel und morgen das Grab.

Judas, der Nacht vertrauter als dem Tag. Ein Kind des Saturn und nicht Jupiters Sohn, *dachte* zu viel. Er der Außenseiter, der durch seine pure Existenz den Ja-Sagern zeigte, daß Alternativen bestünden und es nicht nur *heute* gäbe, sondern auch *morgen,* nicht nur *Christentum,* sondern auch *jüdischen Glauben,* nicht nur *Leben,* sondern auch *Tod.* Das, alles zusammen, hat ihm den Haß eingetragen: die Wut der Dogmatiker vom Schlage Johannes'.

Während meiner Studien – zunächst noch in der Heiligen Stadt, dann, nachdem man mir die missio canonica genommen hatte, in einem kleinen Dorf bei Florenz – begann ich zum ersten Mal den Ingrimm zu verstehen: die Leidenschaft, mit der das Gericht, zur Empörung des Glaubensanwalts, die johanneischen Thesen als Tiraden eines Moralisten abgelehnt hatte, der seinen Gegner erledigen wollte. Dieser Johannes *(Johannes iste,* wie ich auf latein sagen möchte, um meinen Abscheu zu zeigen) war für mich nie, wie die Kirche lehrt, der jungfräuliche Lieblingsjünger unseres Herrn; nie das fromme Kind unter dem Kreuz; nie der Oberhirt von Ephesos; nie der Märtyrer im siedenden Kessel; nie der Verbannte von Patmos; nie der hundertjährige Evangelist, mit seinem Spruch: »Kindlein, liebet einander«: Johannes war für mich immer nur der Evangelist und nie der Apostel gewesen – kein Jünger Jesu, sondern ein Fanatiker: ein Glaubensanwalt des Urchristentums. (Daß ich ihn auch öffentlich als Inquisitoren etikettierte, trug mir nicht allein den Haß der Korbmacher, Lichterzieher und Weingärtner ein, deren Patron er ist, sondern führte am Ende auch zum Bruch mit Rom.)

Aber ich stehe zu meinen Worten — und ich werde mich zu verteidigen wissen: Komme mir niemand mit dem Unterschied — der feinsinnigen Differenz — zwischen Antijudaismus und Antisemitismus! Betone keiner, zum hundertsten Mal, die Sentenz (Evangelium Johannis' Kapitel 8, Vers 44) »*Ihr Juden stammt vom Teufel ab: Der ist euer Vater*« vertrüge, wie wir Theologen sagen, keine fundamentalistische Deutung. Höre man endlich auf mit dem Gerede vom frommen Johannes, der, selbst ein Jude, seinen Stammesgenossen nur den Abfall vom Tempel vorhalten wollte: *Einst wart ihr Kinder Abrahams. Heute seid ihr Söhne der Welt.* Was zählt dies alles gegen die Tatsache, daß ein Mann es gewagt hat, den Kosmos in gut und böse, fromm und teuflisch, christlich und jüdisch zu teilen, in *wir* und *sie*, in weiß und schwarz? Ein Mann, der die Satansbrut in jenem Judas Gestalt werden ließ, dem er — kalt und wohl überlegt — ein doppeltes Kainsmal einbrannte: das Zeichen des Verrats und das Zeichen des Wuchers ... zwei Symbole, die Judas Ischarioth — bis in unsere Tage hinein: man denke an die Schmähschriften der deutschen Faschisten und die antisemitischen Traktate, die während des Konzils verteilt worden sind — zum Stellvertreter der gesamten Judenschaft machten. Judas, der Schacherer, Inbegriff der Zinstreiber im Getto. Judas, der Verräter: Sprecher eines Volkes, das Jesus preisgegeben hat und darum ausgerottet werden muß. Judas, der Teufelssohn, der die Teufelskinder die Teufelskunst lehrt: »Ich verfluchter Goi kann nicht verstehen«, schreibt auf Johannes' Spur ein evangelischer Christ, Martin Luther, »woher die Juden solche hohe Kunst haben, ohne daß ich muß denken, da Judas Ischarioth sich erhenckt hatte, daß ihm die Darme zurissen, und wie den Erhenkten geschicht, die Blase zerborsten, da haben die Juden ihre Diener mit güldenen Kannen und silbernen Schüsseln dabei gehabt, die Judas Pisse sampt dem anderen Heiligthumb aufgefangen, darnach untereinander die Merde gefressen und gesoffen, daß sie Glossen in der Schrift sehen, die weder Matthäus noch Isaias noch alle Engel geschweige wir verfluchten Gojim sehen können.«

In der Tat, hier geht die Saat auf, die Johannes (und nicht nur er: Gott verzeihe mir meinen Zorn!) gesät hat; hier wird der Wind zum Sturm: *Sperrt die Juden in den Stall. Laßt ihre junge Mannschaft Zwangsarbeit tun. Nehmt ihnen Straßen und freies Geleit. Jagt sie hinaus. Verbrennt ihre Tempel. Behandelt sie wie die Zigeuner. Es sind keine Menschen: Denkt daran, was Judas getan hat. Denkt . . . genug.* Man erspare mir das Weitere. Ich bitte meine Leser, die Aussagen des Evangelisten Johannes im Zusammenhang mit Luthers Schrift »Von den Juden und ihren Lügen« zu überprüfen. Mancher, der mich jetzt der Blasphemie beschuldigt, wird dann behutsamer urteilen, das »Wertsystem einer gesunden Zeit«, wie der Glaubensanwalt den militanten Dualismus genannt hat, kritischer sehen und für meine eigene Position, die vom Geist der Aufklärung und Toleranz geprägt ist, Verständnis aufbringen. (Wohlgemerkt, es liegt mir fern, den Evangelisten Johannes auf eine Stufe mit Faschisten zu stellen und *Verketzerung* und *Vergasung* in einem Atem zu nennen. Es liegt mir aber ebenso fern, vergessen zu lassen, daß es keineswegs ein pures Mißverständnis war, wenn die Antisemiten sich, zwei Jahrtausende lang, auf jene johanneische Juden-Deutung beriefen, die Pogrom- und Lynchjustiz entschuldbar macht ... eine Deutung, in deren Zentrum, als Beweis aus Fleisch und Blut, Judas Ischarioth steht.)

Das Gericht hat recht; der Glaubensanwalt irrt: Es war Johannes, dem das Böse in Menschengestalt nicht genügte. Darum hat er — seinen Vorgänger Lukas noch übertrumpfend — die Gestalt eines bösen Menschen geschaffen und ihr den Namen Judas gegeben. *Aber diese Worte sagte er nicht, weil es ihm um die Armen ging — was kümmerten Judas die Bettler —, sondern weil er ein Dieb war: ein Kassenverwalter, der die Einlagen beiseite schaffte — alleweil in den eigenen Beutel damit:* Täusche ich mich, wenn ich glaube, daß dieser Satz — wer weiß! — der folgenreichste ist, den je ein Schriftsteller geschrieben hat, und daß hier ein Modell entworfen wird — Itzig will den Christen spielen und sieht sich als Jude entlarvt —, das die Stärke einer Zauberformel hat? Ein einziger Vers — aber welche Kraft geht von ihm aus ... welche provokatorische Macht, wenn man bedenkt, daß der Kronzeuge des Glaubensanwalts, Kardinal F., noch im Jahre 1932 Judas' *Charakterfehler* anprangerte?

Versteht Ihr jetzt, Leser dieses Berichts, weshalb ich dafür kämpfe, daß der Fall Judas nicht in Vergessenheit gerät, und warum ich seit zehn Jahren — zuerst vor der Ritenkongregation und dann vor der Kongregation *per le cause dei Santi* als Pater Bertholds Erbe auftrete? Begreift Ihr, warum ich nicht aufgebe, obwohl mich oft genug bereits der Sekretär — wenn nicht gar der Pförtner — abweist und ich ausgelacht werde: *Seht! Judas ist wieder in Rom!* Könnt Ihr Euch vorstellen, warum ich Eingaben über Eingaben mache, Himmel und Hölle in Bewegung setze, weltlichen und geistlichen, christlichen und jüdischen Ämtern meine Zirkulare zukommen lasse?

Oder seht Ihr immer noch nicht ein, daß Judas kein Verräter und Heuchler, sondern der Allergläubigste war — der Erwählte des Herrn? Ihr Verstockten! (Verzeiht. Ich weiß, auch ich stand einmal auf der anderen Seite — und wäre mir nicht einer aus Judas' Gefolge, in Gestalt von Pater B., leibhaftig begegnet, ich hätte den Mann aus Kerioth vielleicht schon vergessen.) Nein, ein Vorwurf steht mir nicht zu: wohl aber, am Schluß, ein Bekenntnis.

Judas, das weiß ich, hat getan, was Gott von ihm verlangte: *Bring den Stein ins Rollen. Mach einen Anfang.* Er war eingeweiht — und er hat ja gesagt: im klaren Wissen, was man von ihm verlangte. (Wieviel leichter wäre es gewesen, an Christi Stelle zu sterben: wieviel glorreicher, als Ihn töten zu müssen.) Aber er hat es getan.

Wer etwas anderes behauptet, muß Jesus in einen Dämon verwandeln, der mit uns spielt, uns in Versuchung führt, ja uns zum Verbrecher werden läßt. Ich aber weigere mich, an einen solchen Jesus zu glauben: einen gnadenlosen Gottmenschen, der das Brot der Heiligen Kommunion in eine Zyankalikapsel verwandelt: »*Und als er den Bissen empfangen hatte, fuhr der Teufel in ihn.*« Und ich weigere mich auch, dem Dogma eines Glaubensanwalts zu vertrauen, das mir einreden möchte, daß es kein Aberwitz sei, in einem Atemzug von der ewigen Verwerfung des Menschen und von seiner Freiheit zu sprechen. Ich weigere mich, daran zu glauben, daß Gott, wie ein Cesare Borgia über den Wolken, Judas zum Opfer bestimmt hat und daß der Sichelmann (denn das wäre er!) dennoch für seine Tat verantwortlich ist: verworfen und – schuldig! Nein, das *credo quia absurdum* geht mir nicht über die Lippen. Ich weigere mich zu glauben, daß sich Gottes Freiheit verringert, wenn sich meine – und Judas' – Freiheit vergrößert. Ich weigere mich, auch nur eine Sekunde lang daran zu zweifeln, daß Judas unseren Herrn Jesus aus freiem Entschluß – und weil Gott es so wollte – überliefert hat. Jawohl, ich weigere mich.

Die Beweise, die Pater B. vorgetragen und das Gericht gebilligt hat, sind unwiderlegbar. Sie werden durch die Thesen des Promotor fidei in keinem einzigen Punkte erschüttert. (Der Glaubensanwalt sagt: Judas ist, als Apostel, durch Matthias abgelöst worden. Aber er verschweigt, daß der Bericht über die Nachwahl eine späte, in sich widersprüchliche Einfügung ist: *Wenn* jemand einen neuen Apostel gewählt hätte – angenommen, Judas sei tatsächlich ein Verräter gewesen –, dann doch zuallererst, zwischen Auferstehung und Himmelfahrt, Jesus selbst! Aber es gab keinen Verräter: Nicht ohne Grund sagt der Glaubensanwalt auch nur mit einem einzigen Wort, was denn Judas eigentlich verraten haben soll — Jesu Aufenthalt vielleicht? Den kannten Tausende! Schließlich wimmelte die Stadt während des Passah-Fests von Pilgern aus ganz Israel — und Gethsemane war nicht mehr als ein paar Steinwürfe vom Zentrum entfernt. So also steht es mit den Beweisen des Glaubensanwalts.)

Wenn ich einen Einwand gegen den von mir übernommenen Antrag, Judas Ischarioth seligzusprechen (als einen Märtyrer: Weil es schwerer ist, Ihn hingeben zu müssen als gekreuzigt zu werden) . . . wenn ich einen Einwand für schlüssig erachte, dann ist es dieser: Es gibt keinen Judas. Paulus, der Kronzeuge, kannte keinen Verräter unter den Zwölf. Judas war eine Erfindung jenes Evangelisten, der sehr genau wußte, daß jede Gruppe — eine Partei so gut wie eine Glaubensgemeinschaft —, die darauf pocht, sie allein vertrete die Wahrheit und nur in ihr sei das Heil, nicht allein des äußeren, sondern auch des inneren Feindes bedarf, um Geschlossenheit zu wahren und jede Spaltung von vornherein zu verhindern.

Darum, in Jesu Zeiten zurückprojiziert, der böse Verräter: Ein Warnzeichen — *Seid wachsam! Seid auf der Hut!* —, das der Glaubensanwalt und Vertreter der Reinen Lehre, Johannes, seiner im Äußeren von tückischen Wölfen und im Inneren von Schafpelz-Verrätern bedrohten Gemeinde aufrichtete. (Judas Ischarioth als ein präfigurierter Bucharin: Ein Komplice — bereit, die Guten den Bösen zu überliefern. Judas, dem, als Luzifers Söldner, am Ende nur das Schuldgeständnis bleibt

Die Ungeheuerlichkeit meines Verbrechens ist ohne Grenzen – und dann der Tod.)

Kein Zweifel, die These vom Verräter, die jemand erfand, weil er ihn brauchte, klingt überzeugend. Doch ich glaube ihr nicht. Sie ist zu einfach. Jesu Hilferuf *Tu's schnell!* widerspricht ihr in gleicher Weise wie der zwölfte Thron im Himmel. Aber selbst wenn sie stimmte, die These, gäbe es für mich nicht den geringsten Grund, meinen Antrag zurückzuziehen. Im Gegenteil, ich hielte ihn sogar um so entschiedener aufrecht und würde verlangen, den Mann aus Kerioth *in effigie* seligzusprechen. Dann nämlich stünde Judas – Judas, mein Bruder – für jene Millionen, die die Orthodoxie (welcher Art immer sie sei) um ihres Freimuts oder, oft genug, auch nur um ihrer Andersartigkeit willen verdammte. Dann wäre er eine Chiffre für Jude und Heide, für Kommunist, Neger und Ketzer – für alle, die man verteufelte und zum Sündenbock machte. Dann verdiente er die Auszeichnung eines Märtyrers, die ihm das Gericht zuerkannte, doppelt und dreifach und wäre von unserer katholischen Kirche – der ich, Ettore J. Pedronelli, bis zu meinem Tode treu bleiben werde – erst recht seligzusprechen. So oder so: Die Kongregation muß jetzt handeln.

Ehre dem Judas.
Ehre den Opfern.

Note

Der vorstehende Text hat den Charakter eines fiktiven Berichts, bei dem der Verfasser sowohl die Partei des Richters als auch die Positionen von Verteidiger und Staatsanwalt vertritt. Diese Form wurde gewählt, um die Strittigkeit eines Falls zu demonstrieren, der, nach einem tausendfachen Schuldspruch, scheinbar längst erledigt ist. In Wahrheit aber bedarf das Verfahren, wie der Traktat zu belegen versucht, der Revision durch eine neue Instanz.

Vergessen wir nicht: In Jerusalem hingen *zwei* Männer am Holz. Es gab *zwei* Opfer. Blutacker und Schädelstätte gehören zusammen.

Der Fall Judas, der ein Fall all jener Anderen ist, die, als Gebrandmarkte, auf den Gezeichneten am Kreuz verweisen, steht zur Neuentscheidung an.

Die Akten sind offen.

Walter Jens

Weitere Bücher von Walter Jens im Kreuz Verlag

Am Anfang der Stall, am Ende der Galgen:
Jesus von Nazareth
2. Auflage (16.-30. Tausend), 123 Seiten, flexibel

»Die hart dem griechischen Text abgerungene Übersetzung eines Meisters der deutschen Sprache, die — trotz oder wegen einiger Freiheiten — das ursprüngliche Wort in sachlichem Pathos unvergleichlich leuchten läßt.«
Professor Dr. Hans Küng

Der barmherzige Samariter
Herausgegeben von Walter Jens mit Beiträgen von Carl Améry, Günther Anders, Günther Bornkamm, Herbert Braun, Tobias Brocher, Walter Dirks, Iring Fetscher, Martin Greiffenhagen, Norbert Greinacher, Friedrich Heer, Helmut Heißenbüttel, Eugen Kogon, Kurt Scharf, Walter und Ruth-Eva Schulz, Dorothee Sölle, Helmut Weigel, Erich Wulff.
189 Seiten, Leinen flexibel

»Der Tübinger Germanist, engagiert in Fragen des Humanismus und des Christentums, legt eine Sammlung von provozierenden Aufsätzen prominenter Autoren zum Samariter-Gleichnis vor ... Der Widersprüchlichkeit, mit der das Samariter-Gleichnis ausgelegt wird, entspricht die Widersprüchlichkeit der Geschichte des Christentums: zwischen Liebe und Schwert.«
Westdeutsche Allgemeine Zeitung